JN092933

はじめてでもよく分かる
計量の実務

書き込み式 計量法 My Book

根田 和朗・岩崎 博　著

第一法規

はじめに

　私たちが健全な社会生活を営む上で、信頼性が確保されたさまざまな計量器の果たす役割は非常に重要です。たとえば、健康管理に使われる体温計や血圧計は、比較的容易に入手できることから、どこの家庭にも常備されていると思われます。また、あまり人目につかない場所に設置されておりますが、ガス、水道又は電気の使用料金の支払いに使用される計量器等が数多く存在しています。

　これらの計量器は、経済産業省により制定された「計量法」で特定計量器と定義され、法規制の対象となっており、行政機関による検定に合格したもの、又は計量法上の指定製造事業者による自主検査に合格したものの使用が義務付けられています。このように、気づかずに計量法に見守られながら特段のトラブルもなく安心した生活を送ることができるのです。そのためには法律を理解するための基礎知識、計量・計測に関する専門知識や技術を有する計量専門家が必要です。

　国立研究開発法人産業技術総合研究所（以下、「産総研」といいます。）計量標準総合センターの計量研修センターでは、主として、「計量士」という国家資格を取得するための教習や地方自治体の職員が適切な計量行政の実施に必要な専門知識及び技術を習得するための各種の教習等を実施し、計量専門家の養成を行っております。これらの教習では、実施する教習の種類により習得する時間数は異なりますが「計量法」は必須科目の一つとなっています。

　計量法の目的は、第1条（目的）で『計量の基準を定め、適正な計量の実施を確保し、もって経済の発展及び文化の向上に寄与することを目的とする。』と定められています。この目的を達成するための手段として、取引・証明に用いられる計量単位、特定計量器の製造事業者制度、商品量目制度、検定・検査制度、計量証明検査制度又は基準器検査制度等の多くの制度を規定しています。

　しかしながら、初めて計量法を学習する方々にとっては、計量法で用いられる法令用語や技術的な専門用語又は法令独特な表現も数多く含まれていることから、その理解に大変苦慮されているのが現状です。一方、計量法に関する専門書又は解説書があまり存在していないことも影響しております。

　このような背景から、計量法を正確に理解し、正しく解釈するための副読本として執筆してほしいとの多くの要望がありました。

　本書は、初めて計量法を勉強する方を対象に可能な限り平易な内容で執筆することを心掛けました。また、単なる入門書だけにとどまることなく、日常業務又は検索ツール等で調べた専門知識及び技術情報を書き込みできる余白を設け、マイブックとしても活用できる構成としました。

　付録には、非自動はかりの使用中検査（定期検査）の検査方法及びその観測紙（例）、過去の計量士国家試験問題の一部を参考として付属しました。

　執筆にあたっては、福岡県計量検定所において長期間、主として検定・検査業務及び立入検査等に従事し、計量専門家、責任者として活躍され、かつ計量研修センターにおいても講師と

して豊富な経験をお持ちの岩崎博氏との共著で執筆することになりました。なお、小生及び岩崎氏ともに法律を学問として学んだ経験はありません。法定計量や計量行政を担う中で先人たちが蓄積された多くの知識、技術等を基礎として執筆したものです。

　本書は、計量士国家試験の受験対策としては物足りなさがあると思いますが、計量法を本格的に勉強するための副読本として、また、各企業における新人教育、研修テキストとして活用していただければ、このうえない喜びです。

　最後に、本書を執筆する機会を与えて頂いた第一法規（株）編集部吉村利枝子様には、終始、適切なアドバイスをいただき、心から感謝するとともに深くお礼を申し上げる次第です。

令和３年１月

根田　和朗

1. 本書は、原則として令和 2 年 12 月 1 日現在で施行されている法令の内容に基づいております。
2. 計量法条文の解説では、各種の法令が使用されておりますが、解説中では下表に示す略称を用いることとします。

法令の名称	略称
計量法（平成 4 年法律第 51 号）	法
計量法施行令（平成 5 年政令第 329 号）	施行令
計量単位令（平成 4 年政令第 357 号）	単位令
計量法施行規則（平成 5 年通商産業省令第 69 号）	施行規則
計量単位規則（平成 4 年通商産業省令第 80 号）	単位規則
特定計量器検定検査規則（平成 5 年通商産業省令第 70 号）	検定規則
基準器検査規則（平成 5 年通商産業省令第 71 号）	基検則
指定定期検査機関、指定検定機関、指定計量証明検査機関及び特定計量証明認定機関の指定等に関する省令（平成 5 年通商産業省令第 72 号）	検査機関指定等省令
指定製造事業者の指定等に関する省令（平成 5 年通商産業省令第 77 号）	指定製造省令

本書では、解説の参考としてご利用いただける法令をダウンロードいただけます。
以下の URL にアクセスの上、ご利用いただければ幸いです。

https://skn-cr.d1-law.com

※ダウンロードサイトご利用の際は、お手元に書籍をご用意ください。
※ダウンロードは、2024 年 1 月 25 日までとなります。

目 次

1

計量法を学習する前に
知っておきたい知識

1.1　計量法はなぜ必要か

　おそらくどこの家庭にも体重計、体温計や血圧計があるのではないでしょうか。私たちが健全かつ健康的で特段の不信感を持たずに日常生活を過ごすことができるのは、正確な計量器と深く関わっており、その存在のおかげであるといっても過言ではありません。

　たとえば、人、モノの移動、商品・製品の運搬等には、それぞれの目的に応じた自動車が必要ですが、ガソリン、軽油等の燃料油を正確に計量することのできる計量器の供給が不可欠です。また、電気、ガス又は水道の使用量の計量、デパート・スーパーマーケット等におけるお肉や総菜等をパック詰めした商品、さらに冷凍食品の計量等にも正確な計量が不可欠です。このように私たちが計量された結果が疑わしいと感じても、計量された結果や商品に表示されている数値（たとえば、100グラム）を正確に確認する道具や正しく計量する方法を知りません。

　さらに、全世界的に環境汚染や自然破壊がクローズアップされており、これらに対処するため、わが国では環境基本法を頂点として水質汚濁防止法、大気汚染防止法等のさまざまな法律が定められています。

　たとえば、ダイオキシン類の濃度の計量には、ppt（パーツ・パー・トリリオン：質量一兆分率）という計量単位が用いられます。詳しくは、第6章の計量証明事業者制度で解説しますが、おおよそ東京ドームを水で満杯にして1個の角砂糖（約4グラム）を溶かした程度の濃度レベルです。このように肉眼では検知できないような極微量物の計量には高度な技術を必要としますが、私たちには確認する知識、技術等がありません。計量法では、生活環境の安全・安心を確保するため公害計量用の濃度計や振動計を法規制の対象としております。

　すなわち、計量法は、計量の基準（法定計量単位）を定め、適正な計量の実施に必要な諸制度を整備し、公正・公平な商取引及び安全・安心を確保するために必要不可欠な存在になっているのです。

1.2　計量法の歴史

　「計量※1」とは、何か。計量の概念は、何か定まった基準の量を単位にとって知りたい量がその何倍であるかを求めることです。その起源は、紀元前4000年頃といわれており、何らかの手法で現在の計量の基礎となる行為（測定）がされていたものと推測されます。わが国の計量に関する制度は、文武天皇時代、大宝元年（701年）の大宝律令に始まったとされています。

　現在の計量法は、国際基準との整合、市場ニーズに伴う法規制の対象計量器の追加又は削除、計量器の製造能力の向上に対応する新しい制度の導入等の、国内外の社会経済の状況変化に応じて大きな改廃をしながら現在に至っております。

　現在の計量法を理解する上で過去の計量法の歴史の変遷を知ることも重要です。

　本節では、わが国の計量法の原点である大宝律令から現行計量法に至るまでの歴史を簡単に紹介します。

　計量法の前身は度量衡法です。明治8年（1875年）に度量衡取締条例の公布、日本のメートル条約※2への加盟に伴って、明治24年（1891年）に度量衡法が公布され、尺貫法とメートル法の2単位系が採用されました。

　第2次世界大戦後、昭和26年（1951年）には計量法が公布され、昭和34年（1959年）には、尺貫法が廃止されメートル法に統一されました。さらに、平成4年（1992年）に計量法が全面的に改正されました。

　平成4年の改正では、世界共通の国際単位系（SI）の全面的な採用、標準供給制度（計量法トレーサビリティ制度ともいわれます）の創設及び指定製造事業者制度の導入が大きな柱となりました。

　指定製造事業者制度には、計量器について、従来、型式承認とともに都道府県知事が個々の計量器の検定を行っていました

※1　計量：計量法では、法第2条で定義されているが、「計測用語」（JIS　Z 8103）では、「公的に取り決めた測定標準を基礎とする測定」と定義されている。

※2　メートル条約：メートル法制定に関する詳細は、付録1で解説しておりますのでご参照ください。

が、その検定に代わる制度として発足しました。これは、計量器の製造事業者の品質管理に対する要件を設け、その要件を満たす製造事業者を工場又は事業所ごとに指定し、その製造事業者が製造する計量器については、検定に代えて自社検査を認める制度です。その詳細については第 5 章を参照してください。

　新計量法が制定されてから約 25 年後の平成 28 年（2016 年）には、技術の進展等、計量行政を取り巻く社会環境の変化に的確に対応するため、計量行政審議会から経済産業大臣に答申されました（「今後の計量行政の在り方－次なる 10 年に向けて－答申」）。この答申に基づき、特定計量器に自動はかり（4 器種）が追加、指定検定機関の区分の追加等、種々の改正がされております。

　また、令和元年（2019 年）の国際単位系の基本単位に関する定義の改訂は、全世界的に大きな話題になりました。同単位系には、質量、長さ、熱力学温度を含めて 7 つの基本単位があります。唯一、質量については、人工物である国際キログラム原器によって定義されておりましたが、130 年ぶりに改訂され基礎物理定数の定義値（プランク定数）に基づいて定義されました。この改訂によって、すべての基本単位が物理現象又は基礎物理定数に基づく定義となりました。計量法における質量の定義についても改正が行われました。

　下記に簡単な計量法の制定の歴史を示しました。

701 年	大宝元年	大宝律令
1875 年	明治 8 年	メートル条約締結
1885 年	明治 18 年	日本がメートル条約加盟
1891 年	明治 24 年	度量衡法の制定
1921 年	大正 10 年	度量衡法改正、メートル法への統一
1951 年	昭和 26 年	計量法制定 計量器の製作、修理、販売の免許制 ⇒　製造修理については許可制、販売は登録制へ
1966 年	昭和 41 年	計量法改正、型式承認制度（検定の合理化）の導入
1993 年	平成 5 年	新計量法施行（11 月 1 日） 指定製造事業者制度、計量法トレーサビリティ制度等の導入
1999 年	平成 11 年	計量法改正、計量法における地方自治体の事務を機関委任事務から自治事務へ

2010 年	平成 22 年	計量法施行令改正（特定計量器の見直し）ベックマン温度計、ユンケルス式及びボンベ型熱量計が特定計量器から削除
2013 年	平成 25 年	計量単位令改正、生体内圧力の計量単位（mmH$_2$O 等の 6 単位）の継続使用
2016 年	平成 28 年	計量行政審議会、今後の計量行政の在り方
2017 年	平成 29 年	計量法施行令等の改正、特定計量器に自動はかりが追加、指定検定機関の区分の追加等
2018 年	平成 30 年	計量法施行規則等の改正、検定証印等の様式の制定、西暦表示の方法等
2019 年	令和元年	計量単位令の改正、質量、電流、温度及び物質量の定義改訂

なお、度量衡法から現計量法の制定に至るまでの改正の履歴につきましては、付録1「計量法の歴史」をご参照ください。

1.3 日本の法体系における計量法の位置付け

1.3.1 日本の法体系

日本の法体系

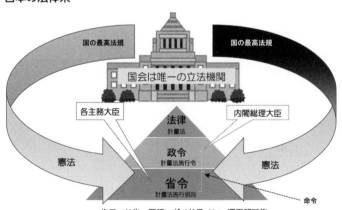

計量法は、計量の基準となる単位及び標準を規定し、適正な計量の実施を確保するため多くの制度、規制を設け、その時代の社会・経済のニーズや技術の進歩に迅速に対応する観点から、政令及び省令に委任して定めています。権利や義務に係る重要な事項については政令に、技術基準等の実務的な事項については省令に委任して定めております。法令とは、「法律」と「命令」

の両方をあわせたもので、国会により成立されたものが「法律」、「法律」に基づいて行政機関により制定されたものが「命令」です。つまり、政令は内閣によって制定され、省令は、各省（大臣）によって制定されます。政令については「……施行令」、省令については「……規則」のように制定されます。

　下に計量法の条文構成を示しました。法令の本体をなす条文として、本則（図の右側矢印の部分）と附則（図の左側矢印の部分）で構成されております。本則とは、法令が目的とする実質的な事項を規定し、附則は本則の付随的な事項（たとえば、法令の施行期日等）を規定したものです。つまり、主と従の関係になります。

　法令の順序は、目的、定義規定等の法全体に係る事項をおき、以降は実体的な事項、雑則を規定し、最後に罰則を規定する基本的な型です。一般的には、法全体に通ずる基本原則、基本事項を定めた総則が第1章に規定されます。法令は、理解の容易さと検索の簡便性から「条」という箇条書きで記述されます。また、条文の右側には、条文の内容を簡潔に表現した見出しが括弧書きでつけられます。ただし、次に解説する「項」、「号」にはつけません。「項」は、条文の中において区分された段落で1つの条文の規定に応じて区分の必要がある場合に用いられます。第2項以下には算用数字で、2、3のように項番号がつけられます。「号」は、条や項の中で、多くの項目を分けて列記する必要がある場合に用いられ、一、二のように漢数字で表現されます。さらに、「号」を細分化して列記する場合には、イ、ロ、ハ……、（1）、（2）、（3）……のように用いられます。

計量法の条文構造

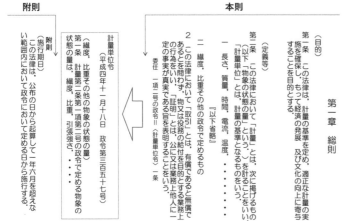

1.3.2　計量法の構図と関連法令

　計量に関する制度は、経済社会の活動の根幹となるもので、統一的で合理的な計量制度を確立することは、経済の発展国民生活の便益の向上、学術・文化の発展には必要不可欠です[3]。

　下の図は、計量法の体系を示したものです。

計量法の体系

　計量法は、複雑な構成ですが、「計量の基準を定めること」と「適正な計量の実施の確保」を実現することを目的にしております。

　この目的を実現する方策として、計量の基準となるものを客観的に設定するとともに統一し、正確に計量すべき意思の強制を定め、正確な計量器の供給を確保するものです。

　計量単位については、物理学的な定義と特定のもの（物象の状態の量）を定めることによって客観性を確保しております。特に、取引・証明分野における計量においては、非法定計量単位の使用を禁止しています。また、国際化の進展に伴い、国際的な計量単位（国際単位系）との整合化を図っております。

　標準の供給については、標準器等が国内最上位の国家計量標準とのつながりを体系的かつ公に証明する制度として計量法トレーサビリティ制度を導入しております。

　適正な計量の実施の確保のためには、正確な計量器の供給と計量に関して必要な措置を講じています。適正な計量の実施については、商品量目制度、検定・検査の受検義務、正確な特定計量器等の供給については製造・修理・販売の届出義務、一定の計量器に対して性能が確保されたものの供給とその使用を義

※3　「新版　計量関係法令例規集」（第一法規）のはしがきより引用

務化しています。正確な特定計量器の供給については、効率的な検定をするための型式承認制度、検定・検査（本節では、「検定等」といいます）の器差の判定に用いる基準器の信頼性を確保、維持するための基準器検査制度が導入されております。ただし、現計量法（平成4年法律第51号）においては、基準器を用いる計量器の検査が特定されたことに伴い、基準器検査を受けることができる者も限定されております。

　また、行政機関による検定等の実施とともに、計量器の検査や計量管理を的確に行うための知識を有する者を一定の要件のもとに計量士として国家資格を付与し自主的な計量管理の推進を図っています。

　計量法とともにその実施に必要な細目として定められている政令及び省令を下記に示しました。

---

1. 法律
　・計量法（平成4年法律第51号）

2. 政令
　・計量法の施行期日を定める政令（平成4年政令第356号）
　・計量法施行令（平成5年政令第329号）
　・計量単位令（平成4年政令第357号）
　・特定商品の販売に係る計量に関する政令（平成5年政令第249号）等

3. 省令
　・計量法施行規則（平成5年通商産業省令第69号）
　・計量単位規則（平成4年通商産業省令第80号）
　・特定商品の販売に係る計量に関する省令（平成5年通商産業省令第37号）
　・特定計量器検定検査規則（平成5年通商産業省令第70号）
　・基準器検査規則（平成5年通商産業省令第71号）
　・指定製造事業者の指定等に関する省令（平成5年通商産業省令第77号）等

4. 告示
　・計量証明に必要な知識経験を有することに関する基準（平成5年通商産業省告示第549号）
　・特定市町村が計量法第19条の定期検査及び同法第148条の立入検査等の事務を行う場合に必要となる計量器並びに器具、機械又は装置及び施設について（平成12年通商産業告示第118号）
　・計量法施行規則第103条の規定に基づき経済産業大臣が別に定める特定計量器の分類（平成6年通商産業告示第135号）
　・計量法施行規則第51条第4項及び第54条第3項の規定に基づき経済産業大臣が別に定める基準等について〈計量士の実務基準〉（平成27年経済産業省告示第63号）

---

5. **公告**
　・特定計量器型式承認　等
6. **要領**
　・指定製造事業者制度関係事務処理要領（平成 13 年産局 4 号）
7. **その他**
　・計量法関係法令の解釈運用等について（経済産業省）

　なお、計量法を理解する上で必要な法令用語を付録 2 に収録しましたのでご参照ください。

＊参考文献等
1）文献から見た計量史①〜⑧　計量法について　計量ジャーナル　一般社団法人　日本計量振興協会
2）条文の読み方　法制執務用語研究会　有斐閣　2012 年
3）改訂　法令解釈の基礎　長谷川彰一　ぎょうせい　2008 年
4）法令読解の基礎知識　長野秀幸　学陽書房　2008 年
5）計量法逐条解説　通商産業省機械情報産業局計量課　堀内道一　第一法規　1975 年
6）新計量法の概要　通商産業省機械情報産業局計量行政室　第一法規　1994 年

2

計量法条文の解説

第 **1** 章

総則

（第1条・第2条）

【概要】

　第1章は、計量法の目的、計量、計量単位、取引又は証明、計量器、特定計量器の定義等を規定し、計量法全体を総則的に規定したもので第1条と第2条で構成されています。

> （目的）
> 第一条　この法律は、計量の基準を定め、適正な計量の実施を確保し、もって経済の発展及び文化の向上に寄与することを目的とする。

【第1条解説】

　第1条は計量法の全条文を通読しなくても法解釈の指針を示したものです。すなわち、計量法は、「計量の基準を定める」ことと「適正な計量の実施を確保する」ことを大きな2本柱として、「経済の発展及び文化の向上に寄与すること」を目的としています。ちなみに、旧計量法（昭和26年法律第207号）においても、一字一句同じ表現です。下図に第1条の構図を示しました。

　「計量の基準を定める」とは、計量の基準となる単位を確定することです。商取引等の適正な遂行には、一定の計量単位の使用を義務付けることを規定しています。第2章の計量単位と第8章の計量器の校正等が該当します。

　「適正な計量の実施を確保する」とは、商取引、生産管理又は健康管理等の社会生活のさまざまな側面において行われる計量について、その目的に応じて正確な計量が実施されることを法的に保証することを規定したものです。計量法は、「取引又

は証明上の計量」として規制することにより目的を達成しようとするものです。具体的には、「第3章 適正な計量の実施」から「第7章 適正な計量管理」の規定が該当します。なお、これらの規定の違反者には罰則（第10章）が規定されておりますので注意が必要です。

「経済の発展及び文化の向上に寄与する」こととは、「計量の基準を定める」ことと「適正な計量の実施を確保する」ことの両方の目的を達成することにより得られる効果を意味するものです。

なお、条文には消費者保護については、はっきりと明示されていませんが、「経済の発展」と「文化の向上」の中に消費者利益の擁護、増進が含まれています。消費者基本法※1では、第13条で計量の適正化を規定しており、計量法においても「適正な計量の実施を確保する」観点から、商品の販売に係る計量に関する規制等を行い消費者基本法の主旨を踏まえたものとなっています。

また、大気汚染等の環境問題等に関する社会的関心の高まりから、公害計測に関する適正な計量の実施の確保については、公害計測機器の製造、修理事業に対する規制や公害計測証明の事業を計量証明事業（第6章で解説）として規制しています。

（定義等）

第二条　この法律において「計量」とは、次に掲げるもの（以下「物象の状態の量」という。）を計ることをいい、「計量単位」とは、計量の基準となるものをいう。

一　長さ、質量、時間、電流、温度、物質量、光度、角度、

※1　消費者基本法（昭和43年法律第78号）

第1条（目的）　この法律は、消費者と事業者との間の情報の質及び量並びに交渉力等の格差にかんがみ、消費者の利益の擁護及び増進に関し、消費者の権利の尊重及びその自立の支援その他の基本理念を定め、国、地方公共団体及び事業者の責務等を明らかにするとともに、その施策の基本となる事項を定めることにより、消費者の利益の擁護及び増進に関する総合的な施策の推進を図り、もつて国民の消費生活の安定及び向上を確保することを目的とする。

第13条（計量の適正化）　国は、消費者が事業者との間の取引に際し計量につき不利益をこうむることがないようにするため、商品及び役務について適正な計量の実施の確保を図るために必要な施策を講ずるものとする。

立体角、面積、体積、角速度、角加速度、速さ、加速度、周波数、回転速度、波数、密度、力、力のモーメント、圧力、応力、粘度、動粘度、仕事、工率、質量流量、流量、熱量、熱伝導率、比熱容量、エントロピー、電気量、電界の強さ、電圧、起電力、静電容量、磁界の強さ、起磁力、磁束密度、磁束、インダクタンス、電気抵抗、電気のコンダクタンス、インピーダンス、電力、無効電力、皮相　電力、電力量、無効電力量、皮相電力量、電磁波の減衰量、電磁波の電力密度、放射強度、光束、輝度、照度、音響パワー、音圧レベル、振動加速度レベル、濃度、中性子放出率、放射能、吸収線量、吸収線量率、カーマ、カーマ率、照射線量、照射線量率、線量当量又は線量当量率

二　繊度、比重その他の政令で定めるもの

2　この法律において「取引」とは、有償であると無償であるとを問わず、物又は役務の給付を目的とする業務上の行為をいい、「証明」とは、公に又は業務上他人に一定の事実が真実である旨を表明することをいう。

3　車両若しくは船舶の運行又は火薬、ガスその他の危険物の取扱いに関して人命又は財産に対する危険を防止するためにする計量であって政令で定めるものは、この法律の適用に関しては、証明とみなす。

4　この法律において「計量器」とは、計量をするための器具、機械又は装置をいい、「特定計量器」とは、取引若しくは証明における計量に使用され、又は主として一般消費者の生活の用に供される計量器のうち、適正な計量の実施を確保するためにその構造又は器差に係る基準を定める必要があるものとして政令で定めるものをいう。

5　この法律において計量器の製造には、経済産業省令で定める改造を含むものとし、計量器の修理には、当該経済産業省令で定める改造以外の改造を含むものとする。

6　この法律において「標準物質」とは、政令で定める物象の状態の量の特定の値が付された物質であって、当該物象の状態の量の計量をするための計量器の誤差の測定に用いるものをいう。

7　この法律において「計量器の校正」とは、その計量器の表示する物象の状態の量と第百三十四条第一項の規定によ

る指定に係る計量器又は同項の規定による指定に係る器
具、機械若しくは装置を用いて製造される標準物質が現示
する計量器の標準となる特定の物象の状態の量との差を測
定することをいう。

8　この法律において「標準物質の値付け」とは、その標準
物質に付された物象の状態の量の値を、その物象の状態の
量と第百三十四条第一項の規定による指定に係る器具、機
械又は装置を用いて製造される標準物質が現示する計量器
の標準となる特定の物象の状態の量との差を測定して、改
めることをいう。

【第2条解説】

　第2条は、計量、計量単位及び取引又は証明、みなし証明、
計量器の校正、標準物質の値付けに関する定義を規定したもの
です。

　第1項は、計量、物象の状態の量及び計量単位の定義を定め
たものです。計量法では、法第2条1項1号で規定された、長
さ、質量等を含む72量と同条1項2号で規定された繊度を含
む17量を一括して「物象の状態の量」として規定しています。
これらの量は、取引又は証明において非常に重要性が高く、日
常生活にも深く関連するものです。

　「計量」とは「物象の状態の量」を計る[※2]ことをいい、「計量
単位」とは「計量」の基準となるものと定義されています。つ
まり、この物象の状態の量を計ることが計量という概念であり、
これらの物象の状態の量以外の量を計る場合には、計量法上の
計量に該当しないということになります。

＊　参考　JIS Z 8103：2019　「計測用語」
　　計量：公的に取り決めた測定標準を基礎とする測定。

　第2項は、「取引」と「証明」に関する定義を定めたものです。
計量法が規制の対象としているのは、取引又は証明上の計量に
限定されています。ただし、取引又は証明以外の計量について
は、適正な計量の実施を確保する必要性がないことではなく、

※2　計るとは、ある物象の状態の量がその物象の状態の量と同次元のある一
　　定の量の何倍かを確定する事実行為（計量法逐条解説より）。

計量法による規制の対象にするほどの社会的ニーズが低いということです。

「取引」とは、有償無償を問わず、物又は役務の給付を目的とする業務上の行為と定義しており、無償の贈与、賃貸借等が含まれています。

「物の給付」とは物品の売買や贈与等が典型的なものであり、「役務の給付」には運送、倉庫の保管等の雇用請負や委託加工等が一例とされております。

「証明」とは、公に又は業務上他人に一定の事実が真実である旨を表明することをいいます。「公に又は　業務上他人」については、「公に」とは不特定多数に対する他、公の機関、「業務上他人」とは継続的、反復的に他の法主体に対しての意味とされています。一定の事実が真実である旨を表明することとは、一般的に一定の法的な責任を伴って表明することと理解されています。

取引又は証明に関する具体的事例を下記に示しました。

  ・　学校等における体重の計量（証明）
  ・　小包郵便物、一般運送事業者等の宅配物の料金特定のための計量（取引）
  ・　検察庁における実地検証のための計量（証明）
  ・　集合住宅におけるメーター（取引／証明）

＊　ただし、製造事業者の生産工程における内部的な計量や家庭内での計量（たとえば、日曜大工の計量等）については取引に該当しません。

なお、上記事例以外にも、数多くの事例が経済産業省ホームページのＱ＆Ａ（よくある質問と回答）や計量法関係法令の解釈運用等について（経済産業省計量行政室）に掲載されていますのでご参照ください。

第3項では、取引又は証明に該当しない行為であっても、人命又は財産に対する危険防止のための計量を証明とみなすこと（俗称、「みなし証明」といわれるものです）を定めたものです。具体的には、施行令第1条（証明とみなされる計量）で適用される計量が規定されています。

第4項は、「計量器」と「特定計量器」の定義を規定したものです。これに関する概念図を次頁に示しました。

第2条第1項で規定する物象の状態の量を計るための器具、

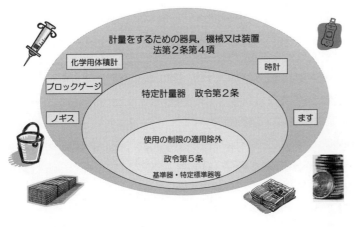

機械又は装置を「計量器」と定義し、法規制の対象とする計量器を「特定計量器」と定義しています。

　取引若しくは証明に使用される計量器であって適正な計量の実施を確保するため及び一般消費者の生活の用に供される計量器のうち、適正な計量の実施を確保するためにその構造又は器差に係る基準を定める必要があるものとして政令で定めるものを総括して特定計量器と定義しています。具体的には、施行令第2条により18器種が規定されており、さらに型式や能力を特定する必要があるものを具体的に定めています。

　一方、取引又は証明の分野において、使用される蓋然性の低いもの、精度が十分に確保されているもの、専門家が調整をしながら使用するもの及び構造が単純で十分な品質管理により精度が確保されているもの等については、特定計量器の対象から除外されています。

　さらに、特定計量器であっても計量法又は他法令に基づいて適切に行われる検査等に合格したものや計量器の性質や使用実態から性能を検証する方法等が困難なものについては、規制の対象から除外されています（施行令第5条（使用の制限の制限の特例に係る特定計量器）を参照）。

　第5項は、計量器の製造、改造及び修理の取扱いを規定したものです。なお、その定義については、「計量法関係法令の解釈運用等について（経済産業省計量行政室）」により下記のように定義されています。

　・　「改造」とは、既存の壊れていない計量器又は壊れている計量器について、それを元どおりの構造に回復させるのではなく、新たな構造を付加し、又はその構造の一部を除

去することをいう。

・ 「修理」とは、一旦完成された計量器が、その構造の一部を失った場合に、その失われた構造を回復し元どおりにすることをいう。

・ 「軽微な修理」は、計量器の構造に影響を及ぼさない行為。

・ 「簡易修理」は、構造に影響を及ぼし得る修理であって、器差に影響を与える蓋然性の乏しいものをいう。

　第6項は、「標準物質」とは何かを定義したもので、特定の値が付された物質であり、その量の計量をするための計量器の誤差の測定に用いるものと定義し、施行令第3条により熱量と濃度が規定されています。

　第7項は、「計量器の校正」の定義を規定したもので、「特定標準器又は特定標準物質が現示する計量器の標準となる特定の物象の状態の量との差を測定すること」と定義されています。計量器の校正等とは、「計量器の校正」と「標準物質の値付け」の両方を示しています。

＊　参考　JIS Z 8103：2019　計測用語
　校正：計器又は測定系の示す値、若しくは実量器又は標準物質の表す値と、標準によって実現される値との間の関係を確立する一連の作業。
　備考：校正には、計器を調整して誤差を修正することは含まない。

　第8項は、「標準物質の値付け」の定義を規定したものです。標準物質については、品質が劣化（経時変化）しやすいことや消耗品的なものであることから、経済産業大臣が指定する「それを製造する器具、機械又は装置」から製造されるものを特定標準物質（国家標準）としています。

　計量法における「標準物質の値付け」とは、「特定標準物質（国家標準）が現示する計量器の標準となる物象の状態の量との差を測定して、改める」と定義しています。

第 **2** 章

計量単位

（第3条〜第9条）

【概要】

第2章は、取引又は証明において使用する計量単位から非法定計量単位による目盛等を付した計量器について規制したもので、第3条から第9条で構成されています。

計量単位に関連する条文を俯瞰したものを下図に示しました。

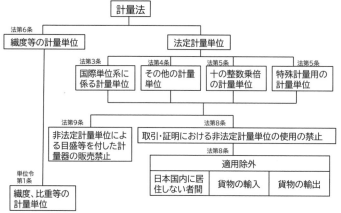

計量の基準となる計量単位については、世界共通の単位系である国際単位系に統一するよう規定されています。国際単位系（SI）の導入の経緯とその体系図を示しました。

＜国際単位系（SI）とは＞

1）　導入の経緯

1875年のメートル条約締結後、科学技術の進歩や産業の発展に伴い、同じメートル単位系で物理学のCGS単位系、工学・工業のMKS単位系など、一つの物象の状態の量で複数の単位が使用されるようになりました。そのため、再度統一を図ることを目的として、1960年の第11回国際度量衡総会で世界共通のSI単位系が採択されました。

2）　SIとは、国際単位系（英：The International System of

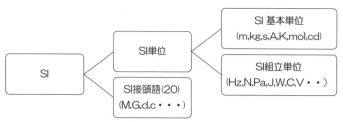

Units 仏：Le Système International d'Unités）の略称です。

　右に SI の体系図を示しました。SI は、十進法を基本とし、7つの基本単位、基本単位から作られる SI 組立単位を構成要素とする集合と 20 個の SI 接頭語及びそれによって作られる 10 の整数乗倍の大きさを意味する倍量及び分量単位によって構成されます。

※国立研究開発法人 産業技術総合研究所 計量標準総合センターのホームページ（https://unit.aist.go.jp/nmij/）から、国際単位系（SI）に関する各種の資料等を入手することができます。

（国際単位系に係る計量単位）

第三条　前条第一項第一号に掲げる物象の状態の量のうち別表第一の上欄に掲げるものの計量単位は、同表の下欄に掲げるとおりとし、その定義は、国際度量衡総会[※1]の決議その他の計量単位に関する国際的な決定及び慣行に従い、政令で定める。

【第3条解説】

　第2条第1項第1号で規定する物象の状態の量（長さ、質量等を含めた 72 量）のうち計量単位令第2条（別表第1）の上欄に掲げるものの計量単位（65 量）及び定義を規定したものです。

　第3条に関する内容を下記に示しました。

条文及び内容	物象の状態の量	計量単位	定義	記号
第3条 ・別表第1 ・SI 単位のある量	第2条第1項第1号（72 量）のうち 65 量	SI 単位及び若干の非 SI 単位	（国際度量衡総会の決議等に従って）政令で定める	省令

　物象の状態の量、計量単位及び定義については計量単位令第2条、記号については計量単位規則第2条で規定されています。

※1　国際度量衡総会（Conférence Générale des Poids et Mesures）：メートル条約に基づく最高決議機関でおおむね4年ごとに開催され、世界共通の国際単位系（SI）の定義、承認、維持を目的とする会議です。

（参考）計量単位令第2条　別表第1（SI単位にある量）

	物象の状態の量	計量単位	定義
一	長さ	メートル	真空中で1秒間の299,792,458分の1の時間に光が進む行程の長さ
二	質量	キログラム	プランク定数を10の34乗分の6.62607015ジュール秒とすることによって定まる質量
		グラム	キログラムの1,000分の1
		トン	キログラムの1,000倍
以下　省略			

（その他の計量単位）

第四条　前条に規定する物象の状態の量のほか、別表第二の上欄に掲げる物象の状態の量の計量単位は、同表の下欄に掲げるとおりとし、その定義は、政令で定める。

　2　前条に規定する計量単位のほか、別表第一の上欄に掲げる物象の状態の量のうち別表第三の上欄に掲げるものの計量単位は、同表の下欄に掲げるとおりとし、その定義は、政令で定める。

【第4条解説】

第4条に関連する内容を下表に示しました。

条文及び内容	物象の状態の量	計量単位	定義	記号
第4条第1項 ・別表第2 ・SI単位のない量	第2条第1項第1号(72量)のうち7量	SI単位のない量の計量単位	政令	省令
第4条第2項 ・別表第3 ・SI単位のある量の非SI単位（国内外で広く用いられているもの）	別表第1の65量のうち5量	非SI単位	政令	省令

第1項は、SI単位では、72の物象の状態の量のうち65量しか定めていないことから、残りの物象の状態の量の7量（無効電力、皮相電力、無効電力量、皮相電力量、電磁波の減衰量、音圧レベル及び振動加速度レベル）を定めたものです。

（参考）計量単位令第3条　別表第2（SI単位のない量の非SI単位）

	物象の状態の量	計量単位
1	無効電力	バール
2	皮相電力	ボルトアンペア
以下　省略		

　第2項は、SI単位がある物象の状態の量であっても国内外で非SI単位が広く用いられている5量（回転速度、圧力、粘度、動粘度及び濃度）については、その使用の禁止による混乱が生ずる可能性あることから非SI単位であっても法定計量単位として定めたものです。

（参考）計量単位令第3条　別表第3　（SI単位のある量の非SI単位）

	物象の状態の量	計量単位
1	回転速度	回毎分、回毎時
2	圧力	気圧
以下　省略		

第五条　前二条に規定する計量単位のほか、これらの計量単位に十の整数乗を乗じたものを表す計量単位及びその定義は、政令で定める。

2　前二条及び前項に規定する計量単位のほか、海面における長さの計量その他の政令で定める特殊の計量に用いる長さ、質量、角度、面積、体積、速さ、加速度、圧力又は熱量の計量単位及びその定義は、政令で定める。

【第5条解説】

第5条に関連する内容を下表に示しました。

条文及び内容	物象の状態の量	計量単位	定義	記号
第5条第1項 ・単位令別表第4、5 ・第3条、第4条の計量単位の10の整数乗を乗じたものを表す単位	第3条、第4条の量	政令	政令	省令
第5条第2項 ・海面における「長さ」の計量など特殊の計量に用いる計量単位	政令で定める特殊の計量に用いる長さ、質量、角度、面積、体積、速さ、加速度、圧力、熱量	政令	政令	省令

第1項は、法第3条及び法第4条で規定する計量単位に十の整数乗を乗じたものを表す計量単位及びその定義を計量単位令第4条（十の整数乗を乗じたものを表す計量単位）において規定するものです。

計量値の大きな数値又は小さな数値を表すときに、計量単位の前に計量単位令第4条（別表第4）で定める接頭語をつけて、見やすい又は使いやすい数値にすることができます。

これらの接頭語は、質量の計量単位である「kg」、角度（度、分、秒）のように10進法でないもの、体積百分率（vol%）のような比を表す計量単位を除いて用いることができます。

(参考) 計量単位令第4条　別表第4

乗数	接頭語	記号	乗数	接頭語	記号
10^1	デカ	da	10^{-1}	デシ	d
10^2	ヘクト	h	10^{-2}	センチ	c
10^3	キロ	k	10^{-3}	ミリ	m
10^6	メガ	M	10^{-6}	マイクロ	μ
10^9	ギガ	G	10^{-9}	ナノ	n
10^{12}	テラ	T	10^{-12}	ピコ	p
10^{15}	ペタ	P	10^{-15}	フェムト	f
10^{18}	エクサ	E	10^{-18}	アト	a
10^{21}	ゼタ	Z	10^{-21}	セプト	z
10^{24}	ヨタ	Y	10^{-24}	ヨクト	y

上記のうち、接頭語の記号については、計量単位規則第2条（別表第3）で規定されております。

※大文字又は小文字に注意する必要があります。

　第2項は、海面における長さの計量その他の政令で定める特殊の計量に用いる計量単位及び定義を計量単位令第5条で規定しています。

　宝石の質量の計量に用いる計量単位「カラット」など、特定の分野における計量単位は、その使用を禁止する特別な理由がないことから、用途を限定した使用を容認するものです。

(参考) 計量単位令第5条　別表第6

	特殊の計量	計量単位	定義	記号
1	海面又は空中における長さの計量	海里	メートルの1,852倍	M又はnm
		省略		
3	宝石の質量の計量	カラット	キログラムの0.0002倍	ct
		以下　省略		

　上記のうち、計量単位に対する記号は、計量単位規則第2条（別表第4）で規定されています。

（繊度等の計量単位）
　第六条　第二条第一項第二号に掲げる物象の状態の量の計量
　　単位及びその定義は、経済産業省令で定める。

【第6条解説】

　第2条第1項第2号に掲げる物象の状態の量の計量単位は、いわゆる「省令単位」と称されるものであり、繊度、比重及び引張強さを含む17の物象の状態の量、その計量単位及び定義を規定したものです。この条文は、その使用を勧奨する程度のもので、最適な計量単位の選定が困難という理由から規定されたものです。

第6条に関連する内容を下表に示しました。

条文及び内容	物象の状態の量	計量単位	定義	記号
第6条 ・単位規則第1条、第2条、別表第1、別表第5 ・第2条第1項第2号の量（政令で17量を定めている）の計量単位	政令で定められた繊度等の17量	省令	省令	省令

　物象の状態の量、計量単位、定義については計量単位規則第1条（別表第1）に、記号については、計量単位規則第2条（別表第5）で規定されています。なお、繊度から放射能濃度までの14量に関する計量単位は法定計量単位に含まれませんが、法定計量単位等 [※2] として扱われ、取引又は証明における使用の禁止は課せられません。

（参考）計量単位規則第1条　別表第1

	物象の状態の量	計量単位	定義	記号
1	繊度	キログラム毎メートル	1メートルにつき1キログラムである繊度	kg/m
		デニール	キログラム毎メートルの900万分の1	D
		テクス	キログラム毎メートルの100万分の1	tex
		以下　省略		

（記号）

第七条　第三条から前条までに規定する計量単位の記号であって、計量単位の記号による表記において標準となるべきものは、経済産業省令で定める。

【第7条解説】

　計量法では、種々の計量単位の表記がありますが、最適なも

※2　法定計量単位等：特定計量器検定検査規則第8条第1項において、次のように定められています。「特定計量器には、法定計量単位並びに計量単位規則（平成四年通商産業省令第八十号。以下「単位規則」という。）第一条に規定する計量単位（以下「法定計量単位等」という。）以外の計量単位による表記等があってはならない。」

のを省令で規定し、その使用を推奨しています。

　法第7条は第3条から第6条までに規定する計量単位の記号であって、計量単位の記号の表記において標準となるべきものを規定したものです。

　経済産業省令　→　計量単位規則　第2条　別表第2〜7

計量単位規則　第2条　別表第2

	物象の状態の量	計量単位	記号
1	長さ	メートル	m
2	質量	キログラム	kg
		グラム	g
		トン	t
以下　省略

　計量単位の記号による表記ついては、大文字又は小文字に注意する必要があります。

（非法定計量単位の使用の禁止）
第八条　第三条から第五条までに規定する計量単位（以下「法定計量単位」という。）以外の計量単位（以下「非法定計量単位」という。）は、第二条第一項第一号に掲げる物象の状態の量について、取引又は証明に用いてはならない。

　2　第五条第二項の政令で定める計量単位は、同項の政令で定める特殊の計量に係る取引又は証明に用いる場合でなければ、取引又は証明に用いてはならない。

　3　前二項の規定は、次の取引又は証明については、適用しない。

　一　輸出すべき貨物の取引又は証明

　二　貨物の輸入に係る取引又は証明

　三　日本国内に住所又は居所を有しない者その他の政令で定める者相互間及びこれらの者とその他の者との間における取引又は証明であって政令で定めるもの

【第8条解説】

　法第3条から第5条までに規定する計量単位を法定計量単位、それ以外の計量単位を非法定計量単位と定義し、非法定計量単位は取引又は証明に用いてはならないと規定しています。

条文	物象の状態の量	該当する表 (計量単位令)
第3条	長さ、質量を含めた65種	別表第1
第4条	・無効電力を含めた7種 ・回転速度を含めた5種	別表第2 別表第3
第5条	・第3条及び第4条の72種に接頭語(20種)をつけたもの ・特殊の計量に用いる計量単位9量	別表第4 別表第5 別表第6

　第5条第2項の政令で定める計量単位(9量)は、同条で定める特殊の計量に係る取引又は証明に用いる場合でなければ取引又は証明に用いることを禁止することを規定したものです。定められた用途以外での使用は非法定計量単位となりますので注意が必要です。

　また、取引又は証明上の計量であっても輸出する貨物の計量等については、日本以外の国々で使用されている法定計量単位が必ずしも統一されているわけではなく適用の除外が規定されています。第3項第3号については、単位令第6条(非法定計量単位の使用の禁止の特例)で日本国内に住所又は居所を有しない者及びアメリカ合衆国軍隊及び国際連合の軍隊等が関与する取引又は証明を規定しています。なお、これらの特例措置に関しては、期限が設けられていません。

(非法定計量単位による目盛等を付した計量器)
第九条　第二条第一項第一号に掲げる物象の状態の量の計量に使用する計量器であって非法定計量単位による目盛又は表記を付したものは、販売し、又は販売の目的で陳列してはならない。第五条第二項の政令で定める計量単位による目盛又は表記を付した計量器であって、専ら同項の政令で定める特殊の計量に使用するものとして経済産業省令で定めるもの以外のものについても、同様とする。
　2　前項の規定は、輸出すべき計量器その他の政令で定める計量器については、適用しない。

【第9条解説】

　非法定計量単位の目盛が付された計量器については、取引又は証明に使用される可能性が否めないことから取引又は証明の使用にかかわらずその販売又は陳列を禁止したものです。また、特殊の計量に使用する計量器（第5条第2項）については、単位規則第3条によりその旨の表示等がされていない場合にも同様となります。

　第2項は、ヤード・ポンド法等の使用が例外的に認められる領域に対する計量器の供給について、特定の分野において政令（単位令第7条）で定める計量器に限り供給が認められることを規定しています。

第 3 章

適正な計量の実施

【概要】

　第 10 条では、一般的努力義務として法定計量単位による正確な計量を求めています。第 12 条の「特定商品」は 29 種類あり、その多くは食品です。「特定商品」が正確に計量され「量目公差」を超える不足無く（主に一般消費者へ）安定して販売されるために、その「特定商品」の計量を行う者が使用する「特定計量器」が常に正確でなければなりません。

　そのため、特定計量器には第 16 条の「使用の制限」が設けられ、商品量目分野に限らず取引・証明に使用される「特定計量器」の使用者に「検定」が義務付けられています。特に一般消費者と密接なかかわりのある「非自動はかり」等の使用者については、検定済特定計量器の「使用中検査」である「定期検査」が義務付けられています。

　上記の関係を図示すると次のように表されます。

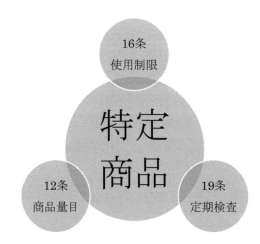

【関係告示】

・特定市町村が計量法第十九条の定期検査及び同法第百四十八条の立入検査等の事務を行う場合に必要となる計量器並びに器具、機械又は装置及び施設について（平成 12 年通商産業省告示第 118 号）

【OIML・国のホームページ】

・OIML（国際法定計量機関：本部：フランス ・ パリ）
https://www.oiml.org/en

・OIML勧告R87（OIMLの量目表記商品国際勧告2016年版）
（Quantity of product in prepackages）
https://www.oiml.org/en/files/pdf_r/r087-e16.pdf
・経済産業省産業技術環境局計量行政室
https://www.meti.go.jp/policy/economy/hyojun/techno_infra/keiryougyousei.html
（1）計量法関係法令の解釈運用等について
（2）特定商品の販売に係る計量に関する計量方法等について
（3）計量法における商品量目制度の概要
（4）計量法における商品量目制度Q&A集
※（1）と（2）は計量行政担当者向けの必須知識、（3）と（4）は一般事業者向けの公開情報です。

　「計量法における商品量目制度Q&A集」は政令の「量目公差表」及び「特定商品分類表」を含む詳細なQ&Aです。
　「特定商品」のうち、「食品」の表示に関する規制として近年制定された「食品表示法」関係においては、「特定商品の販売に係る計量に関する政令第5条に掲げる特定商品については、計量法の規定により表示すること」（食品表示基準第3条）、「政令5条に規定する特定商品であって密封※1（密封の定義は計量法準用）されたものは計量法の規定により内容量を表示すること」（食品表示基準第18条）等により、計量法が準用されています。

【関係法令】
・食品表示法（平成25年法律第70号）
・食品表示基準（平成27年内閣府令第10号）

【参考資料　全国公正取引協議会連合会……第10条関連】
　例「食肉の表示に関する公正競争規約」第3条（3）（量目）
　　包装材料及びつけあぶらの重量を除いた重量をいう。
　　https://www.jfftc.org/index.html

※1　法第13条第1項に「密封」が定義され、その解釈については、「計量法関係法令の解釈運用等について」に公開されています。

第1節　正確な計量

【概要】

　世の中で使用されている計量単位は、計量法に基づく法定計量単位以外にも多く存在しています。たとえば、お米を炊くときには一合で大人一食分ですので、一般家庭用炊飯器には「三合炊き、五合炊き」等の表示がありますが、この一般家庭用炊飯器に法定計量単位に基づく表示を義務付ける必要性はありません。このような法定計量単位以外の場合を除き、法定計量単位を用いた計量に関する一般的な努力義務として、第10条と第11条が規定されています。この努力義務の指導啓発として旧法時代から行われているのが「試買審査会」や「計量教室」です。

　正確な計量の実現のために、あらゆる商品量目の「量目の表記」とは「包装材料（トレー、ラップ、吸水紙）や添え物（ラード、ワサビ等）の乾いた重さ」すなわち「風袋量」を除いた量目を商品の量目として表記することが正確計量の基本です。

　このことにより、次の計算式で「量目の誤差」を算出します。

「実　　量」＝「皆掛量」－「風袋量」
「過不足量」＝「実　量」－「表記量」
「過不足率」＝「過不足量」／「表記量」× 100（%）

　「風袋量」を内容量から正しく除くことにより、特定商品の販売に係る計量に関する政令第5条の「特定商品」のみならず、広く一般の「非特定商品」に至るまで、正しい量目の表記が可能となります。風袋の考え方やこの計算式は、万国共通であるOIMLのR87にも準拠しています。

　第10条の努力義務は特定商品に限らずあらゆる商品量目の正確計量に及ぶものです。一方、商品量目立入検査の対象は法第148条により「特定物象量が表記された特定商品」に限定されています。

　このことにより、法第12条第1項の「対面販売」商品については指導の対象ですが、立入検査による取締りの対象ではありません（旧法では「面前計量」といいました。現在の法第12条は、旧法の第72条「面前計量」の条文です）。

　以上のことから、第10条の努力義務の対象とする商品量目は、現行法においても、立入検査の対象商品よりもずっと広いため、立入検査という「取締り」ではなく、指導啓発を主眼とする「試買審査会」や「計量教室」等の指導啓発事業が旧法時代から行われてきました。

> 第十条　物象の状態の量について、法定計量単位により取引又は証明における計量をする者は、正確にその物象の状態の量の計量をするように努めなければならない。
> 　2　都道府県知事又は政令で定める市町村若しくは特別区（以下「特定市町村」という。）の長は、前項に規定する者が同項の規定を遵守していないため、適正な計量の実施の確保に著しい支障を生じていると認めるときは、その者に対し、必要な措置をとるべきことを勧告することができる。ただし、第十五条第一項の規定により勧告することができる場合は、この限りでない。
> 　3　都道府県知事又は特定市町村の長は、前項の規定による勧告をした場合において、その勧告を受けた者がこれに従わなかったときは、その旨を公表することができる。

【第10条解説】

　第10条に基づく行政指導の「目安」は、35頁の「（3）商品量目制度の概要」及び「（4）商品量目制度Q&A集」に示されているとおりです。

　近年になって、「非特定商品」及び特定商品の販売に係る計量に関する政令第3条量目公差範囲外「特定商品」並びに過量側の「目安」が国により示されていることから、第10条が「指導啓発の根拠条文」であることを知らないまま、「取締りの根拠条文」と解釈してしまい、「目安」を第12条「量目公差」の「補完」と解釈して第13条の特定商品以外の商品を「取締り」の対象とみなすことは、第10条が指導啓発の根拠条文であるという本来の趣旨から大きく外れているとともに、第148条の「立入検査」の対象から対面販売商品を除外している趣旨から大きく外れていますので、注意が必要です。

　旧法時代には「取締り」が検査業務の大半を占めていましたが、その旧法時代においても、旧法第154条により商品量目の立入検査対象は「正味量表記商品」に限定されていました。

　「取締りから指導へ」という計量法大改正のスローガンが、身分証明書に反映されています。

●身分証明書の様式

（表面）

（裏面）

計量法（平成4年法律第51号）抜すい
第148条　経済産業大臣又は都道府県知事若しくは特定市町村の長は、この法律の施行に必要な限度において、その職員に、届出製造事業者、届出修理事業者、計量器の販売の事業を行う者、指定製造者、特殊容器輸入者、輸入事業者、計量士、登録事業者又は取引若しくは証明における計量をする者の工場、事業場、営業所、事務所、事業所又は倉庫に立ち入り、計量器、計量器の検査のための器具、機械若しくは装置、特殊容器、特定物象量が表記された特定商品、帳簿、書類その他の物件を検査させ、又は関係者に質問させることができる。
2　経済産業大臣は、この法律の施行に必要な限度において、その職員に、指定検定機関、特定計量証明認定機関又は指定校正機関の事務所又は事業所に立ち入り、業務の状況若しくは帳簿、書類その他の物件を検査させ、又は関係者に質問させることができる。
3　都道府県知事又は特定市町村の長は、この法律の施行に必要な限度において、その職員に、指定定期検査機関又は指定計量証明検査機関の事務所又は事業所に立ち入り、業務の状況若しくは帳簿、書類その他の物件を検査させ、又は関係者に質問させることができる。
第175条　次の各号のいずれかに該当する者は、20万円以下の罰金に処する。
　(3)　第148条第1項の規定による検査を拒み、妨げ、若しくは忌避し、又は同項の規定による質問に対して答弁をせず、若しくは虚偽の答弁をした者
第176条　次の各号のいずれかに掲げる違反があった場合には、その違反行為をした指定定期検査機関、指定検定機関、指定計量証明検査機関、特定計量証明認定機関又は指定校正機関の役員又は職員は、20万円以下の罰金に処する。
　(4)　第148条第2項又は第3項の規定による検査を拒み、妨げ、若しくは忌避し、又はこれらの規定による質問に対し、答弁をせず、若しくは虚偽の答弁をしたとき

　第10条を「取締り」の根拠条文と誤解したままですと、その次には国の示す「目安」を「取締り」の根拠と考えるようになります。ところが、「目安」はあくまでも単なる「目安」に過ぎず、政令に基づく「量目公差」ではありません。すなわち、「目安では、法に基づく事実確認ができない」ということに気が付きます。これでは、第10条第3項の「公表」という不利益処分を科すことは、行政手続法上できません。

　本来、第10条は「正確な計量」のはじめの第一歩として、広く指導啓発を目的とする条文です。

　第10条の努力義務で求められている「正しく計ること」はすなわち商品量目制度に係る基本です。

　正確な計量の実現のために、あらゆる商品量目の「量目の表記」とは「包装材料（トレー、ラップ、吸水紙）や添え物（ラード、ワサビ等）の乾いた重さ」すなわち「風袋量」を除いた量目を商品の量目として表記することが重要です。

　基本は実に単純で、全世界共通です。この基本を指導啓発することが、第10条の本来の目的です。

　なお、第148条の商品量目立入検査に使用される特定計量器は、告示[※2]により「量目公差の5分の1以下の値を確認できる質量計であって目量が0.1グラム程度のもの」となっています。

※2　「特定市町村が計量法第十九条の定期検査及び同法第百四十八条の立入検査等の事務を行う場合に必要となる計量器並びに器具、機械又は装置及び施設について」（平成12年通商産業省告示第118号）第四号「法第十二条第一項に規定する量目公差の五分の一以下の値を確認できる質量計であって目量が〇・一グラム程度のもの」……通常3級（M級）の特定計量器が使用されており、表記量100gから500g程度（対応する量目公差2gから10g程度）の商品量目検査に用いられています。

ちょっと一息

　筆者の苦い経験！ 約 20 年前のことです。日本に初めて進出してきた外資系大型スーパーが日本第一号店を構えた際、当時所在県の商品量目立入検査担当だった筆者は、日本の商品量目制度の翻訳資料を準備して外資系スーパーの米国人店長を訪ね、商品量目に関する計量法の規制内容について説明しました。（なんと、店長は流暢な日本語で対応されました。）その際、「量目不足側の量目公差」以外に、国が示している「過量側の指導公差」についても説明し、その遵守を求めましたところ、米国人店長はすかさず「日本の計量法には、過量側の量目公差は無い。それはアメリカ本国でも同じだ！」と主張されました。なんと、米国人店長は事前に「日本の計量法」を「日本語で」丁寧に読み込んでいたのです。驚きますと同時に、恥ずかしいという思いが湧き上がりました。

　「いわれるとおり、そのとおりです。過量側の量目公差は廃止され、過量についての行政指導に法的根拠はありません。単なるお願いです。」と、引き下がるほかございませんでした。

　なお、法定商品量目に関する国際的な規格として、OIML R87（Quantity of product in prepackages）がありますが、「量目不足」のみを規制の対象としています。

■ 第2節　商品の販売に係る計量

【概要】

　「適正な計量の実施の確保」を目的に掲げる計量法において、一般的努力義務として「正確な計量」を第 10 条と第 11 条に掲げ、第 12 条において「特定商品」には「量目公差」を設けて計量された「特定商品」の表記量には「量目公差」を超える不足が無いことを義務付けています。

　第 13 条では「密封」の定義づけを行い、密封された特定商品への量目表記等を義務付け、輸入される密封された特定商品についても同様の義務付けが第 14 条でなされています。

　第 15 条では、第 12 条の「特定商品」についての行政指導を行う法的根拠が規定されています。

（長さ等の明示）

第十一条　長さ、質量又は体積の計量をして販売するのに適する商品の販売の事業を行う者は、その長さ、質量又は体

積を法定計量単位により示してその商品を販売するように
努めなければならない。

【第11条解説】

　計量法では、第11条により針金やホース等の販売には法定
計量単位による販売を勧めていますが、針金やホース等は特定
商品ではないため、第10条と同様に「量目公差」の定めが無い、
一般的な努力義務です。

（特定商品の計量）

第十二条　政令で定める商品（以下「特定商品」という。）
　の販売の事業を行う者は、特定商品をその特定物象量（特
　定商品ごとに政令で定める物象の状態の量をいう。以下同
　じ。）を法定計量単位により示して販売するときは、政令
　で定める誤差（以下「量目公差」という。）を超えないよ
　うに、その特定物象量の計量をしなければならない。

　2　政令で定める特定商品の販売の事業を行う者は、容器
　　に入れたその特定商品を販売するときは、その容器にそ
　　の特定物象量を法定計量単位により、経済産業省令で定
　　めるところにより、表記しなければならない。

　3　前二項の規定は、次条第一項若しくは第二項又は第
　　十四条第一項若しくは第二項の規定により表記された物
　　象の状態の量については、適用しない。ただし、その容
　　器若しくは包装又はこれらに付した封紙が破棄された場
　　合は、この限りでない。

【第12条概要】

　第12条は「対面販売」（主に商店街等小売店での商品販売形
態）」についての量目規制です。この第12条により、「対面販売」
の計量時の量目不足は、「量目公差」以内であることを計量販
売する者に求めています。消費者の目の前で商品が「対面販売」
されるときは、計量時点すなわち販売時点です。この時点での
量目不足は認められません。

　たとえば消費者の「牛肉を200gください。」という面前で
の注文を受けて、消費者の目の前で非自動はかり（特定計量器）
に薄板を載せて風袋引きしたのち、ちょうど200gの牛肉を載
せて、「ちょうど200gです。100g当たりの単価（Ａ円）です

ので、（2A円）に消費税10％をかけて料金を頂きます。」とい
う一連の計量行為に関する規制です。

　実際に法定計量単位による計量が広く行われ一般消費者に広
く販売されていると思われる商品のうち、特定商品の販売に係
る計量に関する政令で定める29種類の商品についてのみ「特
定商品」として規制されています。特定商品については、その
量目の正否判断基準として同政令で「量目公差」が4種類定め
てあります。

　経済産業省のホームページに公開されている「特定商品の販
売に係る計量に関する計量方法等について」にある「第12条
に規定する特定物象量の計量方法について」は、別途立入検査
の章で触れますので、ここでは解説を省略します。

【第1項解説】

　「量目公差」を超えないように……誤差には、プラス側とマ
イナス側の両方ありますが、「量目公差」は第12条で引用され
る特定商品の販売に係る計量に関する政令第3条によりマイナ
ス側の「量目不足」のみ規制しています。よって、「量目公差
を超える不足が無いように」と解釈いたします。旧法（昭和
26年法律第207号）では過量側も規制されていましたが、現
行法（平成4年法律第51号）の「量目公差」は、マイナス側
だけを規制するOIMLの国際勧告R87に準じた改正が行われ
た結果、マイナス側だけの「量目公差」となりました。

　「特定商品」の皮革を除く「量目公差」は大きく分けて質量
表記2種類と体積表記1種類の合計3種類です。特定商品の販
売に係る計量に関する政令別表第2の量目公差は、質量表記に
ついて「表1」若しくは「表2」、体積表記について「表3」
がそれぞれ適用されています。質量表記の量目公差が「表1」・
「表2」と2種類あるのは、旧法で面前計量と正味量表記商品
でそれぞれ量目公差が異なっていた名残です。

　商品量目立入検査の実務上、同じ特定商品でもこのように販
売形態によって適用される量目公差が異なる場合、適用公差の
判断に迷うことが少なくありません。

　一方、国際勧告OIML R87の「量目公差」は、（質量・体積）
共通の1種類だけであり、特定商品の販売に係る計量に関する
政令別表第2の表2とほぼ同じ幅の公差に一本化されています。

特定商品の販売に係る計量に関する政令別表第2とOIML R87量目公差表

表1		
表示量		誤差
5g以上	50g以下	4％
50g超え	100g以下	2g
100g超え	500g以下	2％
500g超え	1kg以下	10g
1kg超え	25kg以下	1％

表2		
表示量		誤差
5g以上	50g以下	6％
50g超え	100g以下	3g
100g超え	500g以下	3％
500g超え	1.5kg以下	15g
1.5kg超え	10kg以下	1％

表3		
表示量		誤差
5ml以上	50ml以下	4％
50ml超え	100ml以下	2ml
100ml超え	500ml以下	2％
500ml超え	1L以下	10ml
1L超え	25L以下	1％

OIML R87 Table1		
表示量（g or ml）		誤差
0以上	50以下	9％
50超え	100以下	4.5
100超え	200以下	4.5％
200超え	300以下	9
300超え	500以下	3％
500超え	1000以下	15
1000超え	10000以下	1.5％
10000超え	15000以下	150
15000超え		1％

【第2項解説】

　「政令で定める特定商品」とは、特定商品の販売に係る計量に関する政令第4条により「灯油」とされています。

　「量目公差」は特定商品の販売に係る計量に関する政令別表第1の25にあるとおり、18Lや20Lでは1％です。

　灯油配達業者が灯油（18Lや20L）を入れた容器を消費者の自宅へ配達して回る際に、その販売業者の灯油容器への量目表記が義務付けられたものです。その量目表記は、「特定商品を購入する者が見やすい箇所に見やすい大きさ及び色を以て表記すること」と特定商品の販売に係る計量に関する省令で定められています。昭和の時代はブリキ製の一斗缶（18L）で配達してもらうこのような販売形態が主流でした。

　現在では、灯油配達業者は「小型車載燃料油メーター」や「大型車載燃料油メーター」を取引に使用して消費者の灯油容器や灯油タンクへ給油しています。また、1998年にはセルフスタンドが解禁となり、セルフスタンドやホームセンターなどに設置された「自動車等給油メーター」を用いて「消費者が持参し

た容器＝法第12条第2項の対象外」に灯油を給油する販売形態が増えました。このように、現在の「灯油」は主に「燃料油メーター」により取引されていますので、容器に入れられて配達される法12条第2項の「特定商品」としての灯油は、ほとんど見かけなくなりました。

　特定商品である「灯油」（18Lや20L）の「量目公差」は、前述のとおり「1％」です。この1％という公差は、「燃料油メーター」の使用公差「1％」と同じですので、販売形態にかかわらず灯油の適正な計量の実施は確保されています。ただし、「量目公差」はマイナス側だけの公差であるのに比べて、「燃料油メーター」の使用公差は「プラスマイナス1％」と過量側も規制されますので、厳密には、同じ1％でも「燃料油メーター」の使用公差は、「量目公差」より厳しい規制です。

　取引・証明に使用される自動車等給油メーターの「検定」は7年に1回、小型車載燃料油メーター及び大型車載燃料油メーターの「検定」は5年に1回それぞれ義務付けられており、都道府県又は指定検定機関により検定が実施されています。「検定公差」は使用公差の半分の「0.5％」です。

【第3項解説】

　第12条の「特定商品」について、「面前計量販売」ではなく、あらかじめ計量して密封された商品である「正味量表記商品」として販売される場合には、適用される条文が第12条ではなく第13条であることを表しています。

　国によって公開されている「特定商品分類表」において「正味量表記商品」として販売される「特定商品」は、第13条第1項の規制対象となる「特定商品分類表の網掛け部分の特定商品」が密封されて「正味量表記商品」として販売されていれば特定商品の販売に係る計量に関する政令5条の特定商品に該当し、密封されていなければ、第12条の「特定商品」に該当するという解釈になります。

　また、同政令第5条の特定商品の密封状態が破れてしまっている場合には同様に第12条が適用されることとなります。

　「政令5条特定商品」以外の「特定商品」が密封され「正味量表記商品」として（特定物象量をその特定商品に任意表記して）販売される場合は、第13条第2項の規制対象となります。

　なお、「灯油」の扱いについて再度補足いたしますと、「灯油」

が販売事業者の容器に入れられて販売される場合には、第12条第2項により密封の有無にかかわらずその容器への量目表記が義務付けされています。

　また、この「特定商品としての灯油」は特定商品の販売に係る計量に関する政令第5条の特定商品でもありますので、当該容器が封紙等により密封されている場合には、当該量目表記について第13条第1項が適用されます。

　このように、密封の有無にかかわらず第148条の「特定物象量が表記された特定商品」の一つに該当しますので、燃料油メーターで取引される灯油を除き、商品量目立入検査の対象となります。

　以上のことから、特定商品として適用される「灯油」の量目公差は密封の有無にかかわらず（18L・20L）に対しては「1％」となります。

（密封をした特定商品に係る特定物象量の表記）

第十三条　政令で定める特定商品の販売の事業を行う者は、その特定商品をその特定物象量に関し密封（商品を容器に入れ、又は包装して、その容器若しくは包装又はこれらに付した封紙を破棄しなければ、当該物象の状態の量を増加し、又は減少することができないようにすることをいう。以下同じ。）をするときは、量目公差を超えないようにその特定物象量の計量をして、その容器又は包装に経済産業省令で定めるところによりこれを表記しなければならない。

　2　前項の政令で定める特定商品以外の特定商品の販売の事業を行う者がその特定商品をその特定物象量に関し密封をし、かつ、その容器又は包装にその特定物象量を法定計量単位により表記するときは、量目公差を超えないようにその表記する特定物象量の計量をし、かつ、その表記は同項の経済産業省令で定めるところによらなければならない。

　3　前二項の規定による表記には、表記する者の氏名又は名称及び住所を付記しなければならない。

【第 13 条概要】

第 13 条は「正味量表記商品」についての量目規制です。

第 12 条の「特定商品」を「密封」し、商品の容器又は包装に量目を表記して「正味量表記商品」として販売されている場合は、商品の容器又は包装に表記する量目のほかに、表記する者の氏名又は住所も表記する必要があります。

また、その量目表記は、「特定商品を購入する者が見やすい箇所に見やすい大きさ及び色をもって表記すること」と特定商品の販売に係る計量に関する省令で定められています。

第 148 条の商品量目立入検査の対象とする「特定物象量が表示された特定商品」とは、12 条第 2 項の灯油と第 13 条の「正味量表記商品」が該当します。

ちょっと一息

第 13 条には、尺貫法からメートル法へ強制的に移行せざるを得なかった旧法の「強制法規的側面」がそのまま残っています。第 1 項により、当時の国民生活に浸透していた尺貫法をメートル法へ移行させるために当時の主食であった「米・麦」さらには味噌と醤油などの尺貫法による量目表記を強制的に政令でメートル法に基づく表記へ移行するように義務付けました。その「強制法規的側面」がいまだに第 1 項に残っています（右図参照：終戦直後の尺貫法使用例 「報徳運動 100 年の歩み」 八木繁樹著 ㈱緑蔭書房 1987 年発行 P404）。今ではそれから 70 年、現行法に改正されてから約 30 年経ち、現在の特定商品の流通実態としては、メートル法への移行は滞りなく終了し、今や広く市民生活にメートル法がすでに深く浸透した結果、第 1 項の「メートル法への移行」という役割は十二分に果たし終えたといえます。

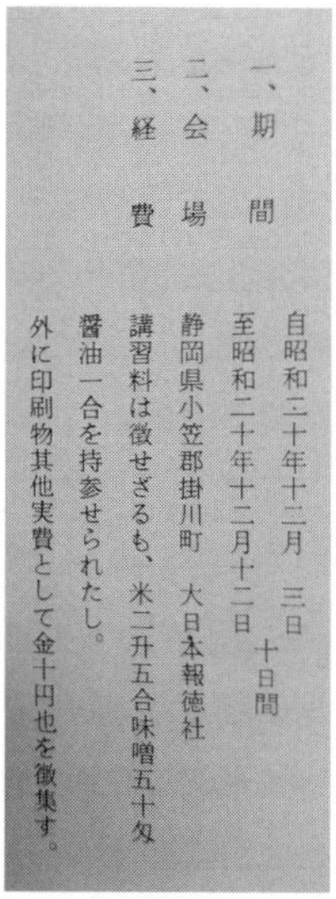
一、期　間　自昭和二十年十二月　三日　至昭和二十年十二月十二日　十日間
二、会　場　静岡県小笠郡掛川町　大日本報徳社
三、経　費　講習料は徴せざるも、米二升五合味噌五十匁醤油一合を持参せられたし。外に印刷物其他実費として金十円也を徴集す。

【第1項解説】

　第12条の「特定商品」のうち、「正味量表記商品」として密封して販売される場合に、「正味量表記商品」へのメートル法による特定物象量表記を促進するために、特定商品の販売に係る計量に関する政令第5条において内容量の表記義務を課す「特定商品」（以下「政令5条特定商品」といいます。国の特定商品分類表の網掛け部分）が定められたものです。

【第2項解説】

　第1項以外の特定商品であって「正味量表記商品」として任意に表記されている「特定商品」に関する規定です。量目表記義務はありませんが、任意に表記された量目表記に対して第1項と同じ量目公差が適用され、なおかつその量目表記については同じ省令の規定が適用されます。

【第3項解説】

　第13条の「正味量表記商品」として密封して販売される場合には、その特定商品に、量目を表記する者の氏名又は名称及び住所の付記が求められます。

（輸入した特定商品に係る特定物象量の表記）
第十四条　前条第一項の政令で定める特定商品の輸入の事業を行う者は、その特定物象量に関し密封をされたその特定商品を輸入して販売するときは、その容器又は包装に、量目公差を超えないように計量をされたその特定物象量が同項の経済産業省令で定めるところにより表記されたものを販売しなければならない。

　2　前項の規定は、前条第一項の政令で定める特定商品以外の特定商品の輸入の事業を行う者がその特定物象量に関し密封をされたその特定商品を輸入して販売する場合において、その容器又は包装にその特定物象量が法定計量単位により表記されたものを販売するときに準用する。

　3　前条第三項の規定は、前二項の規定による表記に準用する。この場合において、同条第三項中「表記する者」とあるのは、「輸入の事業を行う者」と読み替えるものとする。

【第 14 条解説】

　第 13 条の規定は、第 14 条により海外から輸入される特定商品にも適用されています。なお、密封された輸入商品が「政令5 条特定商品」である場合には、特定商品の販売に係る計量に関する政令別表第 1 に合わせた特定物象量による（内容量）の表記が求められます。たとえば輸入されたオリーブオイル（同政令別表第 1 の 18「食用植物油脂」に該当）の表記量が（㎖）表記されている場合には、（ g ）表記へ改める必要があります。

（勧告等）

第十五条　都道府県知事又は特定市町村の長は、第十二条第一項若しくは第二項に規定する者がこれらの規定を遵守せず、第十三条第一項若しくは第二項に規定する者が同条各項の規定を遵守せず、又は前条第一項若しくは第二項に規定する者が同条各項の規定を遵守していないため、当該特定商品を購入する者の利益が害されるおそれがあると認めるときは、これらの者に対し、必要な措置をとるべきことを勧告することができる。

　2　都道府県知事又は特定市町村の長は、前項の規定による勧告をした場合において、その勧告を受けた者がこれに従わなかったときは、その旨を公表することができる。

　3　都道府県知事又は特定市町村の長は、第十二条第一項若しくは第二項又は第十三条第一項若しくは第二項の規定を遵守していないため第一項の規定による勧告を受けた者が、正当な理由がなくてその勧告に係る措置をとらなかったときは、その者に対し、その勧告に係る措置をとるべきことを命ずることができる。

【第 15 条解説】

　第 12 条から第 14 条までの特定商品には、正否判断の基準となる「量目公差」が定められています。第 15 条第 3 項の措置命令に正当な理由なく従わない者には、計量法上の罰則規定が適用されます（法第 173 条第 2 号）。

■第3節　計量器等の使用

【概要】

　取引・証明の計量に使用される特定計量器に関する「検定」及びタクシーメーターの「装置検査」受検義務が第16条において「使用の制限」として規定され、「検定」及び「装置検査」には「有効期間」があることが明記されています。

　この第16条は、計量法に基づく立入検査を実施する場合において、もっとも重要な条文です。第17条では、いわゆる「丸正ビン」である「特殊容器」が第12条から第16条の対象外であることが規定されるとともに、特定計量器の中には使用方法の制限が課されているものがあることが第18条で規定されています。

　（使用の制限）

第十六条　次の各号の一に該当するもの（船舶の喫水により積載した貨物の質量の計量をする場合におけるその船舶及び政令で定める特定計量器を除く。）は、取引又は証明における法定計量単位による計量（第二条第一項第二号に掲げる物象の状態の量であって政令で定めるものの第六条の経済産業省令で定める計量単位による計量を含む。第十八条、第十九条第一項及び第百五十一条第一項において同じ。）に使用し、又は使用に供するために所持してはならない。

一　計量器でないもの

二　次に掲げる特定計量器以外の特定計量器

イ　経済産業大臣、都道府県知事、日本電気計器検定所又は経済産業大臣が指定した者（以下「指定検定機関」という。）が行う検定を受け、これに合格したものとして第七十二条第一項の検定証印が付されている特定計量器

ロ　経済産業大臣が指定した者が製造した特定計量器であって、第九十六条第一項（第百一条第三項において準用する場合を含む。次号において同じ。）の表示が付されているもの

三　第七十二条第二項の政令で定める特定計量器で同条第一項の検定証印又は第九十六条第一項の表示（以下「検

定証印等」という。）が付されているものであって、検
定証印等の有効期間を経過したもの

2　経済産業大臣、日本電気計器検定所又は指定検定機関
が電気計器（電気の取引又は証明における法定計量単位
による計量に使用される特定計量器であって、政令で定
めるものをいう。以下同じ。）及びこれとともに使用す
る変成器について行う検査（以下「変成器付電気計器検
査」という。）を受け、これに合格したものとして第
七十四条第二項又は第三項の合番号（以下この項におい
て単に「合番号」という。）が付されている電気計器を
その合番号と同一の合番号が付されている変成器ととも
に使用する場合を除くほか、電気計器を変成器とともに
取引又は証明における法定計量単位による計量に使用
し、又は使用に供するために所持してはならない。

3　車両その他の機械器具に装置して使用される特定計量
器であって政令で定めるもの（以下「車両等装置用計量
器」という。）は、経済産業大臣、都道府県知事又は指
定検定機関が行う機械器具に装置した状態における検査
（以下「装置検査」という。）を受け、これに合格したも
のとして第七十五条第二項の装置検査証印（有効期間を
経過していないものに限る。）が付されているものでな
ければ、取引又は証明における法定計量単位による計量
に使用し、又は使用に供するために所持してはならない。

【第16条解説】

　計量器のうち法定計量単位により取引・証明の計量に使用さ
れる特定計量器には正確であることが求められます。そのため、
特定計量器については政令の一部の例外を除き「使用の制限」
が義務付けられています（第16条、施行令第5条）。

　「使用の制限」により、水道メーターやガスメーター並びに
燃料油メーター等の特定計量器については、「検定」に合格し
ていることを示す「検定証印等」（検定証印又は基準適合証印）
が有効期間内でないと取引・証明に使用できません。（法第16
条第1項～第2項、施行令別表第3）、タクシーメーター（車
両等装置用計量器）については、車両に装着された状態で年1
回実施される「装置検査」に合格していることが求められます
（法第16条第3項）。

　「検定」と「装置検査」の実施主体は施行令別表第4により特定計量器ごとに細かく区分され、国（国立研究開発法人産業技術総合研究所）、日本電気計器検定所、都道府県、指定検定機関により行われています。検定並びに装置検査の方法は、特定計量器ごとに特定計量器検定検査規則で引用される日本産業規格（JIS規格）に明記されています。

　（特殊容器の使用）
第十七条　経済産業大臣が指定した者が製造した経済産業省令で定める型式に属する特殊容器（透明又は半透明の容器であって経済産業省令で定めるものをいう。以下同じ。）であって、第六十三条第一項（第六十九条第一項において準用する場合を含む。次項において同じ。）の表示が付されているものに、政令で定める商品を経済産業省令で定める高さまで満たして、体積を法定計量単位により示して販売する場合におけるその特殊容器については、前条第一項の規定は、適用しない。
　2　第六十三条第一項の表示が付された特殊容器に前項の経済産業省令で定める高さまでその特殊容器に係る商品を満たしていないときは、その商品は、販売してはならない。ただし、同条第二項（第六十九条第一項において準用する場合を含む。）の規定により表記した容量によらない旨を明示したときは、この限りでない。

【第17条解説】
　「**特殊容器**」（いわゆる丸正ビン）は施行規則に定められた型式に属するビンを製造できる事業者として、第58条により国の指定を受けた製造者により施行規則の「容量公差」[※3]で担保されているため、「検定」対象外及び「量目公差」対象外となっています。
　「特殊容器」が使用できる商品は、施行令により次の12種類に限定されています（それぞれ政令別表第1との対応を付記）

――――――――――――――――――――
※3　日本産業規格（JIS）S2350：2017「容量表示付きガラス製びん（壜）附属書A」（例　180ml　容量公差4ml）容量公差と量目公差の関係は、当然ながらほぼ等しい。表記量「180ml」の量目公差は、政令別表第2の「表3」では「2%」。容量公差「4ml」とほぼ等しい。

（施行令第8条、施行規則第25条、第33条）。

品名	政令別表第1における番号	量目公差（政令別表第2）
1 牛乳（脱脂乳を除く。）、加工乳及び乳飲料	別表第1-15-(2)	表(1) 又は表(3)
2 乳酸菌飲料	別表第1-15-(2)	表(1) 又は表(3)
3 ウスターソース類	別表第1-19	表(1) 又は表(3)
4 しょうゆ	別表第1-20	表(3)
5 食酢	別表第1-20	表(3)
6 飲料水	別表第1-23-(1)	表(1) 又は表(3)
7 発泡性の清涼飲料	別表第1-23-(1)	表(1) 又は表(3)
8 果実飲料	別表第1-23-(1)	表(1) 又は表(3)
9 牛乳又は乳製品から造られた酸性飲料	別表第1-23-(1)	表(1) 又は表(3)
10 みりん（次号に掲げる酒類に該当するものを除く。）	別表第1-23-(2)	表(3)
11 酒類	別表第1-23-(2)	表(3)
12 液状の農薬	非特定商品につき量目公差該当なし	

※政令…特定商品の販売に係る計量に関する政令

（使用方法等の制限）

第十八条　特定の方法に従って使用し、又は特定の物若しくは一定の範囲内の計量に使用しなければ正確に計量をすることができない特定計量器であって政令で定めるものは、政令で定めるところにより使用する場合でなければ、取引又は証明における法定計量単位による計量に使用してはならない。

【第18条解説】

第16条の各項目を満足する特定計量器のうち、水道メーター、燃料油メーター、ガスメーター、電力量計、濃度計等の特定計量器については、政令によってその使用方法等に制限が課されています。（法第18条、施行令第9条、別表第2）

たとえば「水道メーター」の場合には「取付姿勢が表記されているものにあってはその表記どおりの取付姿勢で使用し、取付姿勢が表記されていないものにあっては水平に取り付けて使用すること。」とあります。具体的には、水道水の通水方向が矢印（⇒）で示されています。

第18条の規定に違反した者には、計量法上の罰則規定が用意されています（法第173条第1号）。

ちょっと一息

一、期　間
自昭和二十年十二月　三日
至昭和二十年十二月十二日　十日間

二、会　場
静岡県小笠郡掛川町　大日本報徳社

三、経　費
講習料は徴せざるも、米二升五合味噌五十匁
醤油一合を持参せられたし。
外に印刷物其他実費として金十円也を徴集す。

　戦前の日本では、国民生活の食生活に深く根差していた味噌や醤油は尺貫法の単位で配給されました。たとえば1945年5月分の福岡県での配給は、当時の新聞記事によると味噌ひと月分150匁／人、同じく醤油ひと月分4合／人でした。これらの身近な食品の尺貫法をメートル法へ改めた結果、現行法の「特定商品」の8割は食料品が占めています。先に示した終戦直後の10日間にわたる講演会では、「米二升五合　味噌五十匁　醤油一合　持参せられたし」とされています。精米を一合炊けば当時の大人どんぶり飯一杯ですので、一日三食、昼食は軽く半合とすれば、参加者の一日分の精米は2合半、その10日分なので、参加者一人当たりの精米　＝　25合　＝　10合×2　＋　5合　＝　2升五合と計算できます。10日分の精米の量として、合理的な量であったことがわかります。同様に、味噌はひと月分の配給150匁の三分の一で10日分50匁、同じく醤油はひと月分の配給4合の三分の一で約1合という計算です。尺貫法は、このように人々の食生活と直結していました。当時の尺貫法をメートル法へ換算しますと、米一合150gとして一人10日分の米は150g×25＝3.75kg、質量1匁が3.75gですので、米3.75kgは1000匁すなわち一貫に相当します。また、味噌50匁は3.75g×50＝187.5g、醤油一合は180mlです。

　現代貨幣に残る尺貫法としては、5円玉硬貨の質量が3.75g＝1匁ですので、5円玉8枚でちょうど30gです。なお、1円硬貨の質量は正確に1gです。戦後復興初めの一歩は、一円1gからでした。

■第4節　定期検査

【概要】

　特定計量器のうち、検定証印等が付された非自動はかり及び分銅・おもり並びに皮革面積計が取引・証明に使用されている場合は、その正確さを担保するために「定期検査」を受け、第23条に引用される省令に定められた条件に合格していることを示す「定期検査済証印」が付されている必要があります。ただし、第19条第1項各号に列記されているものは定期検査が

免除されています（法第19条〜24条、施行令第10条、検定規則第43条〜第49条）。

　「定期検査」に合格しなかった非自動はかり及び分銅・おもり並びに皮革面積計は、検定証印等が抹消されますので、第16条第1項の規定により取引・証明に使用することはできなくなります。

　「定期検査」の実施主体は、都道府県、特定市町村、指定定期検査機関のほか、第25条に基づき「定期検査に代わる計量士による検査」として民間の計量士によって行われています。定期検査の方法は、「使用中の検査」として特定計量器ごとに省令で引用される日本産業規格（JIS規格）に明記されています（施行令別表第4、検定規則）。

　検定証印と基準適合証印は、以下の形状となっています。

<**検定証印**>

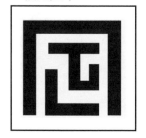

<**基準適合証印**>

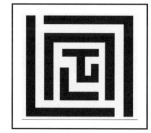

定期検査手数料について

　定期検査手数料は、都道府県又は特定市町村の条例に定められています。指定定期検査機関に納められる手数料についても、条例を確認することが必要です。手数料は「申請」と同時に徴収しますので、定期検査の結果いかんにかかわらず、不合格の場合も手数料の返還はありません。定期検査手数料の取扱いの経緯については、次のとおりです。

【旧法】

　定期検査業務は、旧法では「計量取締」業務と位置付けられていました。旧法時代の職員証が「計量取締職員証」となっていたのは、その名残です。取締り業務には「申請」が無いため、昭和41年度までの定期検査は、手数料徴収の対象ではありませんでした。

　その後改正され、昭和42年度以降は手数料を徴収するよう

になりました。

【現行法】

　平成11年に公布された地方分権一括法（平成11年法律第87号　地方分権の推進を図るための関係法律の整備等に関する法律）により、平成12年度以降の定期検査業務は自治事務とされました。

　地方公共団体が自治事務として法第19条に基づき行う「検査」事務に係る役務の提供と位置付けられたため、法第158条第4項にあるとおり、その手数料の徴収根拠は地方自治法第227条にあり、同法第228条の規定により定期検査を実施する地方自治体の条例に具体的な「定期検査手数料」が定められています。

【現行法　指定定期検査機関】

　指定定期検査機関に業務委託する場合の手数料については、第158条第4項において、「条例で定めるところにより、当該手数料を当該指定定期検査機関又は指定計量証明検査機関へ納めさせ、その収入とすることができる。」と計量法により定められています。

【消費税の取扱い】

　消費税法上の取扱いは、消費税法（昭和63年法律第108号）第6条、別表第1の五．イ．（2）検査、検定に該当しますので、消費税は非課税です。

　（定期検査）

第十九条　特定計量器（第十六条第一項又は第七十二条第二項の政令で定めるものを除く。）のうち、その構造、使用条件、使用状況等からみて、その性能及び器差に係る検査を定期的に行うことが適当であると認められるものであって政令で定めるものを取引又は証明における法定計量単位による計量に使用する者は、その特定計量器について、その事業所（事業所がない者にあっては、住所。以下この節において同じ。）の所在地を管轄する都道府県知事（その所在地が特定市町村の区域にある場合にあっては、特定市町村の長）が行う定期検査を受けなければならない。ただ

し、次に掲げる特定計量器については、この限りでない。

一　第百七条の登録を受けた者が計量上の証明（以下「計量証明」という。）に使用する特定計量器

二　第百二十七条第一項の指定を受けた者がその指定に係る事業所において使用する特定計量器（前号に掲げるものを除く。）

三　第二十四条第一項の定期検査済証印、検定証印等又は第百十九条第一項の計量証明検査済証印であって、第二十一条第二項の規定により公示された定期検査の実施の期日（以下「実施期日」という。）において、これらに表示された年月（検定証印等に表示された年月にあっては、第七十二条第三項又は第九十六条第三項の規定により表示されたものに限る。）の翌月一日から起算して特定計量器ごとに政令で定める期間を経過していないものが付されている特定計量器（前二号に掲げるものを除く。）

2　第百二十七条第一項の指定を受けた者は、第二十一条第一項の政令で定める期間に一回、第百二十八条第一号に規定する計量士に、その指定に係る事業所において使用する前項の政令で定める特定計量器（前項第一号に掲げるものを除く。）が第二十三条第一項各号に適合するかどうかを同条第二項及び第三項の経済産業省令で定める方法により検査させなければならない。

【第19条解説】

第19条第1項第1号の規定により、計量証明事業者が計量証明に使用している「非自動はかり」は、別途2年に1回の検査を受けていますので、定期検査対象外です。また、第2号の規定により適正計量管理事業所で使用されている「非自動はかり」は、別途計量士により自主管理されていますので、同様に定期検査対象外です。

続く第3号の規定により「1年以内に定期検査を受検した非自動はかり」や「証明事業者だったものが登録を廃止した後、廃止前の最後の証明検査を受けてから1年以内の場合」は、定期検査が免除されます。同じく第3号において非自動はかりの検定証印等の年月が表示されて1年以内の場合は定期検査が免除されます。

　第16条第1項の規定では「使用し、又は使用に供するために所持してはならない。」とあるため、取引・証明用途の使用の有無を問わず特定計量器に「使用の制限」が課されています。一方、第19条の定期検査では、「政令で定めるものを取引又は証明における法定計量単位による計量に使用する者」と限定されており、実際に取引・証明用途に非自動はかり等を使用している者が定期検査の対象となっています。

　この「取引又は証明における法定計量単位による計量に使用する者」の判断基準は経済産業省のホームページ上にある「計量法関係法令の解釈運用等について」（A　定義関係について1（4）及び2）に公開されています。

（指定定期検査機関）

第二十条　都道府県知事又は特定市町村の長は、その指定する者（以下「指定定期検査機関」という。）に、定期検査を行わせることができる。

　2　都道府県知事又は特定市町村の長は、前項の規定により指定定期検査機関にその定期検査の業務（以下この章において「検査業務」という。）の全部又は一部を行わせることとしたときは、当該検査業務の全部又は一部を行わないものとする。

【第20条解説】

　第19条の定期検査の実務を民間事業者に業務委託する場合は、当該民間事業者を指定定期検査機関として指定しておく必要があります。なお、指定した時は第159条第2項第1号（都道府県）及び同条第3項第1号（特定市町村）により、「公示」が必要です。

　※公示の期限……第21条第2項にあるとおり、定期検査実施期日の1か月前には公示が必要です。

　指定の要件等は、第5節（第26条から第39条まで）に掲げてあります。指定の有効期間は施行令第11条の2により「3年」とされています。

（定期検査の実施時期等）

第二十一条　定期検査は、一年以上において特定計量器ごとに政令で定める期間に一回、区域ごとに行う。

2 都道府県知事又は特定市町村の長は、定期検査を行う
区域、その対象となる特定計量器、その実施の期日及び
場所並びに前条第一項の規定により指定定期検査機関に
これを行わせる場合にあっては、その指定定期検査機関
の名称をその期日の一月前までに公示するものとする。

3 疾病、旅行その他やむを得ない事由により、実施期日
に定期検査を受けることができない者が、あらかじめ、
都道府県知事又は特定市町村の長にその旨を届け出たと
きは、その届出に係る特定計量器の定期検査は、その届
出があった日から一月を超えない範囲内で都道府県知事
又は特定市町村の長が指定する期日に、都道府県知事又
は特定市町村の長が指定する場所で行う。

【第21条解説】
【第1項】
　定期検査の実施時期は、1年以上であって、非自動はかり等
2年、皮革面積計1年です（施行令第11条）。時期は多少前後
することもあります。非自動はかりの場合、管轄区域が二つに
分けられて定期検査が「区域ごとに」毎年実施されるケースが
多いようです。

【第2項】
　公示は、定期検査業務を指定定期検査機関に業務委託したの
ち、自治体に残っている事務の一つです。実施の期日の1か月
前までに公示します。実施される市町村の広報へも別途掲載さ
れることとなります。

【第3項】
　公示した日時と場所で受検できなかった使用者のために実施
する二次検査の法的根拠です。

＜定期検査の実施場所について＞
　定期検査の実施形態は、大きく分けて「集合検査」と検定規
則第39条第1項の「所在場所検査」の2種類あります。なお、
JIS規格B7611-2附属書JB「使用中検査」のJB.4.4により、「は
かりの使用場所の表記がされているはかりは、はかりの使用場
所で器差検査を行う。」と規定されているため、この種の高精

度のはかりは、必ず使用されている場所にて戸別に巡回検査を
行うことが必要です。

（事前調査）
第二十二条　都道府県知事が定期検査の実施について前条第
　　二項の規定により公示したときは、当該定期検査を行う区
　　域内の市町村の長は、その対象となる特定計量器の数を調
　　査し、経済産業省令で定めるところにより、都道府県知事
　　に報告しなければならない。

【第22条解説】
　第22条は、第19条の定期検査の対象者を都道府県が事前に
把握するために市町村へ調査を依頼する法的根拠です。検定規
則第37条により「法第22条の規定による報告は、様式第12
により定期検査の期日の初日から起算して十日前までに行わな
ければならない。」と定められています。通知書の送付が必要
ですので、特定計量器の数だけでなく、使用者の氏名又は名称
と業種及び住所並びに電話番号の個人情報を含む調査が義務付
けられています。個人情報が含まれるため、取扱いには細心の
注意が必要です。

（定期検査の合格条件）
第二十三条　定期検査を行った特定計量器が次の各号に適合
　　するときは、合格とする。
　　　一　検定証印等が付されていること。
　　　二　その性能が経済産業省令で定める技術上の基準に適
　　　　合すること。
　　　三　その器差が経済産業省令で定める使用公差を超えな
　　　　いこと。
　　2　前項第二号に適合するかどうかは、経済産業省令で定
　　　める方法により定めるものとする。
　　3　第一項第三号に適合するかどうかは、経済産業省令で
　　　定める方法により、第百二条第一項の基準器検査に合格
　　　した計量器（第七十一条第三項の経済産業省令で定める
　　　特定計量器の器差については、同項の経済産業省令で定
　　　める標準物質）を用いて定めるものとする。

【第23条解説】

　具体的な検査方法はすべて検定規則（第43条から第47条）で引用される次のJIS規格に記載されています。

非自動はかり　　：（JIS B 7611-2　附属書JB）

分銅及びおもり：（JIS B 7611-3　附属書JB）

皮革面積計　　：（JIS B 7614　　附属書JB）

　検査には「基準器」を使用することが原則（検定規則第47条）です。「基準器」として皮革面積計には「基準面積板」が使用され、非自動はかりと分銅及びおもりには、基準分銅及び実用基準分銅（以下、「基準分銅等」といいます。）が使用されます。

　また、ひょう量が2tを超えるはかりの検査には車両（いわゆる検重車）の使用が認められています。（JIS B 7611-2 JB4.1.2　附属書JD参照）

　ひょう量が1tを超える非自動はかりは、表記されている本来のひょう量ではなく、10t未満はひょう量の3／4（1t以上）まで、10t以上はひょう量の3／5（8t以上）までの器差検査が行われます。（JIS B 7611-2　JB.4.2.2試験荷重参照）

　分銅及びおもりの器差の確定に使用する基準分銅等は、（JIS B 7611-3　附属書JB.4で引用されるJA.2.1b）により、使用公差の1／3以下の器差を持つ基準分銅等である、M1若しくはF2の増しおもり型実用基準分銅等並びに非自動はかり（JIS B 7611-3　附属書JC）が必要です。

　（定期検査済証印等）

第二十四条　定期検査に合格した特定計量器には、経済産業省令で定めるところにより、定期検査済証印を付する。

　　2　前項の定期検査済証印には、その定期検査を行った年月を表示するものとする。

　　3　定期検査に合格しなかった特定計量器に検定証印等が付されているときは、その検定証印等を除去する。

【第24条解説】

　定期検査済証印、通称「合格シール」は、検定規則第48条第2項に「特定計量器の見やすい箇所に付するものとする。」とあり、器差に影響のない見やすい部分に貼付します。分銅及びおもり自体に貼ると、その質量に影響しますので、これらの場合はその格納容器に貼付します。

　第2項の「定期検査を行った年月」表示のほかに、通常は「次回検査年」も表示します。定期検査済証印の具体的な形状等は検定規則第48条を参照してください。

　第3項にあるとおり、定期検査で不合格となった場合には、検定証印等（検定証印又は基準適合証印）を除去します。こうすることにより、法第16条の使用の制限が即日適用され「取引・証明行為」に使用できなくなります。これは行政手続法上の不利益処分に該当します。不利益処分の理由の通知様式は、検定規則の第73条で「様式第24」の使用が定められております。

　手数料は「申請」[※4]と同時に徴収しますので、定期検査の結果いかんにかかわらず、不合格の場合も手数料の返還はありません。

（定期検査に代わる計量士による検査）

第二十五条　第十九条第一項の規定により定期検査を受けなければならない特定計量器であって、その特定計量器の種類に応じて経済産業省令で定める計量士が、第二十三条第二項及び第三項の経済産業省令で定める方法による検査を実施期日前第十九条第一項第三号の政令で定める期間以内に行い、第三項の規定により表示を付したものについて、これを使用する者が、その事業所の所在地を管轄する都道府県知事又は特定市町村の長に実施期日までにその旨を届け出たときは、当該特定計量器については、同条の規定にかかわらず、当該定期検査を受けることを要しない。

2　前項の規定による届出は、次項の規定により交付された証明書を添えて、経済産業省令で定めるところによりしなければならない。

3　第一項の検査をした計量士は、その特定計量器が第二十三条第一項各号に適合するときは、経済産業省令で定めるところにより、その旨を記載した証明書をその特定計量器を使用する者に交付し、その特定計量器に経済産業省令で定める方法により表示及び検査をした年月を付することができる。

※4　定期検査「申請」については、検定規則第73条第2項に「検査を受ける特定計量器の提出をもって同条（行政手続法第8条）の「申請」とみなす。」と規定されています。

【第25条解説】

　第19条の定期検査に代わり、一般計量士によって行われる検査、いわゆる「代検査」に関する条文です。自治体の定期検査が「集合検査」を主な実施形態としていることと対照的に「代検査」の実施形態は「所在場所検査」です。具体的な検査方法は第19条と同じく、すべて検定規則（第43条から第47条）に引用されるJIS規格により実施されています。

　「代検査」に合格しなかった場合、第19条の定期検査と大きく異なり、検定証印等の抹消ができません。そのまま使用されている可能性がありますので、「代検査」の結果については「合否にかかわらず」都道府県及び特定市町村に報告の必要があります。「合格していない器物」については、（検定証印等が抹消されていませんので第16条の使用の制限には抵触しませんが、結果的に「第19条の定期検査が未検査」となっている状態の器物ですので）何らかの形でその後の処置の追跡調査を行う必要性があります。

　なお、合格しなかった器物を「合格」とする虚偽の検査を行った場合には、第173条第3号並びに第177条の罰則規定に抵触します。

■第5節　指定定期検査機関

【概要】

　「指定定期検査機関」の有効な期間は「3年」です。
　「指定定期検査機関」の「定期検査手数料」は、第158条第4項の規定により、第19条の定期検査と同様に都道府県又は特定市町村の条例で定められた手数料です。また、検査業務は第25条の「代検査」と異なり定期検査の不合格処置として検定証印等の抹消を行うことが可能です。そのため、指定定期検査機関の行う定期検査は、第19条の定期検査とまったく同等です。検査機関指定等省令において都道府県及び特定市町村が行う手続が詳しく規定されています。また、自治体が公示すべき事項としては、「定期検査手数料」のほか、第21条（定期検査の実施時期等）の公示が必要です。その他の公示すべき事項は次のとおり第159条第2項及び第3項に定められています。

法第159条　都道府県知事又は特定市町村長の公示事項
・第20条第1項の指定をしたとき[5]
・第32条の届出があったとき……休止届又は廃止届
・第38条の指定取消又は業務停止を命じたとき
・第39条第1項により定期検査を（自治体が再び）
自ら行うこととするとき

（指定）
第二十六条　第二十条第一項の指定は、経済産業省令で定めるところにより、検査業務を行おうとする者の申請により行う。

【第26条解説】

　平成5年に制度が創設された当初の申請者は、公益法人に限定されていました。その後の改正により、平成11年以降には一般社団法人等も申請が可能となり、今では多くの指定定期検査機関が活動しています。指定申請様式は、検査機関指定等省令の様式第1に「指定申請書」として定められています。

（欠格条項）
第二十七条　次の各号のいずれかに該当する者は、第二十条第一項の指定を受けることができない。
　一　この法律又はこの法律に基づく命令の規定に違反し、罰金以上の刑に処せられ、その執行を終わり、又は執行を受けることがなくなった日から二年を経過しない者
　二　第三十八条の規定により指定を取り消され、その取消しの日から二年を経過しない者
　三　法人であって、その業務を行う役員のうちに前二号のいずれかに該当する者があるもの

---

[5]　指定の更新を行ったときに関する公示は明示されていません。
　　法第21条第2項（定期検査実施時期等の公示）に指定定期検査機関の名称が含まれて公示されますので、同時期に指定更新される場合には、指定更新のみの公示は不要と思われます。

【第 27 条解説】

　過去において計量法に抵触した者は、指定定期検査機関の指定を受けることができません。

（指定の基準）

第二十八条　都道府県知事又は特定市町村の長は、第二十条第一項の指定の申請が次の各号に適合していると認めるときでなければ、その指定をしてはならない。

　一　経済産業省令で定める器具、機械又は装置を用いて定期検査を行うものであること。

　二　経済産業省令で定める条件に適合する知識経験を有する者が定期検査を実施し、その数が経済産業省令で定める数以上であること。

　三　法人にあっては、その役員又は法人の種類に応じて経済産業省令で定める構成員の構成が定期検査の公正な実施に支障を及ぼすおそれがないものであること。

　四　前号に定めるもののほか、定期検査が不公正になるおそれがないものとして、経済産業省令で定める基準に適合するものであること。

　五　検査業務を適確かつ円滑に行うに必要な経理的基礎を有するものであること。

　六　その指定をすることによって申請に係る定期検査の適確かつ円滑な実施を阻害することとならないこと。

【第 28 条解説】

　第 28 条の規定は、検査機関指定等省令に詳しく定められています。多くの自治体において、第 20 条第 2 項の規定により使われなくなった定期検査用の基準分銅等や基準はかり等（又は皮革面積計検査用の基準面積板と周速度計等）の器材類一式を指定定期検査機関へ無償貸与することを条件とする業務委託契約が締結され、指定定期検査機関で使えるようになりました。

（指定の更新）

第二十八条の二　第二十条第一項の指定は、三年を下らない政令で定める期間ごとにその更新を受けなければ、その期間の経過によって、その効力を失う。

　2　前三条の規定は、前項の指定の更新に準用する。

64

【第 28 条の 2 解説】

　施行令第 11 条の 2 により、指定期間は「3 年」です。

　第 2 項の規定により、更新には第 26 条から第 28 条までの条文が適用されますので初回の指定申請と同様の手続が必要です。

　「指定定期検査機関の公募、申請受付、審査、指定、業務規程の認可」という一連の事務については、翌年の定期検査開始時期のひと月前までには済ませるようにするとよいでしょう。

　なお、指定更新の申請様式は、検査機関指定等省令の様式第 1 の 2 に「指定更新申請書」として定められています。

（定期検査の方法）

第二十九条　指定定期検査機関は、定期検査を行うときは、第二十八条第一号に規定する器具、機械又は装置を用い、かつ、同条第二号に規定する者に定期検査を実施させなければならない。

【第 29 条解説】

　定期検査を実施する者は、検査機関指定等省令第 2 条第 2 項で引用される別表第 1 に「少なくとも一般計量士 1 名以上を置くものとし、その他の者については、次のいずれかに該当すること。」として、「一般計量士又は研究所（計量研修センター）の短期計量教習以上を終了した者で、指定に係る実務経験が 1 年以上の者」とされています。

　なお、経済産業省の公開している「計量法関係法令の解釈運用等について」の「D　定期検査等関係について」において、『「定期検査又は計量証明検査を実施する者」は、指定を受けようとする者と雇用契約が締結されている者とする。』とあります。これは、単なる名義貸しを禁止したものです。

（業務規程）

第三十条　指定定期検査機関は、検査業務に関する規程（以下「業務規程」という。）を定め、都道府県知事又は特定市町村の長の認可を受けなければならない。これを変更しようとするときも、同様とする。

　2　業務規程で定めるべき事項は、経済産業省令で定める。

　3　都道府県知事又は特定市町村の長は、第一項の認可を

　した業務規程が定期検査の公正な実施上不適当となった
　と認めるときは、その業務規程を変更すべきことを命ず
　ることができる。

【第30条解説】

　指定定期検査機関として公示された後、指定定期検査機関を
指定した都道府県又は特定市町村に「業務規程」を提出し、そ
の認可を受ける必要があります。「業務規程」に定めるべき事
項は検査機関指定等省令の第3条第2項に詳細に規定されてい
ます。いずれも日常の具体的な事項であり、検査設備の管理に
関する事項や手数料の収納の方法に関する事項等、自治体との
信頼関係の基礎となる重要なことが含まれています。業務規程
が提出されず認可されないまま定期検査業務を実施すること
は、法第38条第3号[6]に抵触する恐れがありますので、「業務
規程」は少なくとも実際の業務開始前までには認可される必要
があります。業務規程提出の様式は、検査機関指定等省令の様
式第2に「業務規程認可申請書」として定められています。

　（帳簿の記載）
　第三十一条　指定定期検査機関は、経済産業省令で定めると
　　ころにより、帳簿を備え、定期検査に関し経済産業省令で
　　定める事項を記載し、これを保存しなければならない。

【第31条解説】

　定期検査を実施する上で、実務上必要不可欠な定期検査の対
象者名簿や検査対象器物の記載される帳簿類並びに検査実績記
録等の作成を検査機関指定等省令第4条で義務付けています。
帳簿の保存期間は検査機関指定等省令第4条第3項により、「次
回の定期検査が終了するまでの間、保存しなければならない。」
とあることから、少なくとも2年間は保存することが求められ
ています。定期検査業務を的確に遂行する上で極めて重要な帳
簿です。検査が区域ごとに行われる都度、継続的に正確に記載
される必要があります。この帳簿がずさんに処理されている場

---

[6]　法第38条第3号（指定取り消し等）
　　「第30条第1項の認可を受けた業務規程によらないで定期検査を行っ
　　たとき。」

合には定期検査業務の信頼が失われますので、第147条第3項に基づき都道府県並びに特定市町村が指定定期検査機関に対して業務報告を求める場合には、この帳簿類の確認が必要です。

　第31条の帳簿類に記載されている内容が検査機関指定等省令第4条の第1項1号から6号を満たしていない場合並びに同条第2項のとおり記載されていない場合又は虚偽の記載がなされている場合若しくは帳簿が2年間保存されていない場合には、法第176条の罰則規定が適用されます。その場合、罰則規定が適用される者は、指定定期検査機関の役員又は職員個人です。

（業務の休廃止）
第三十二条　指定定期検査機関は、検査業務の全部又は一部を休止し、又は廃止しようとするときは、経済産業省令で定めるところにより、あらかじめ、その旨を都道府県知事又は特定市町村の長に届け出なければならない。

【第32条解説】
　検査機関指定等省令第5条により、休廃止の届出は休廃止をしようとする日の三か月前までに提出されなければなりません。業務休止（廃止）届出書様式は、検査機関指定等省令の様式第4に「業務休止（廃止）届出書」として定められています。休廃止の届出が提出された場合は、法第159条第2項第2号に基づきその旨公示する必要があります。

（事業計画等）
第三十三条　指定定期検査機関は、毎事業年度開始前に、その事業年度の事業計画及び収支予算を作成し、都道府県知事又は特定市町村の長に提出しなければならない。これを変更しようとするときも、同様とする。
　2　指定定期検査機関は、毎事業年度経過後三月以内に、その事業年度の事業報告書及び収支決算書を作成し、都道府県知事又は特定市町村の長に提出しなければならない。

【第33条解説】
　第1項では、指定定期検査機関は、都道府県又は特定市町村と調整を図った上で、具体的な検査予定日時と検査場所まで含

んだ一年間の定期検査実施計画と予算を作成し、事業計画を確認した上で、第21条第2項の規定により、期日の1か月前までに定期検査の公示を行うことを定めています。

第2項では、指定定期検査機関は、1年間の定期検査業務が終了したのち、検査機関指定等省令第4条の帳簿を元に事業報告書及び収支決算書を作成し、3か月以内に都道府県又は特定市町村へ報告する義務があることを定めています。

第三十四条　削除〔平成一一年八月法律一二一号〕

（解任命令）
第三十五条　都道府県知事又は特定市町村の長は、第二十八条第二号に規定する者がこの法律若しくはこの法律に基づく命令の規定又は業務規程に違反したときは、その指定定期検査機関に対し、同号に規定する者を解任すべきことを命ずることができる。

【第35条解説】

第28条第2号に規定する者とは、定期検査の実施者です。

避けなければならないこととしては、法に反して実務を届け出ている職員以外の別人に行わせる行為、又は知識不足等により「不合格」だったものを「合格」としてしまう誤った検査行為、若しくは「合格」であるのに「不合格」と判定して検定証印を抹消してしまうなどの重大な検査ミスの発生、並びに空検査（定期検査をせずに、検査済みと報告する行為）などが該当します。

指定定期検査機関で定期検査を実施する者のこれらの行為に対応する罰則規定は設定されていませんが、その代わりに第35条の「解任命令」が設けられています。

（役員及び職員の地位）
第三十六条　検査業務に従事する指定定期検査機関の役員又は職員は、刑法（明治四十年法律第四十五号）その他の罰則の適用については、法令により公務に従事する職員とみなす。

【第36条解説】

　指定定期検査機関は、自治体から無償貸与された検査器具等の管理を適正に行い、私物化しないことが求められます。

　特に基準分銅等については、業務規程に則り、実用基準分銅としての厳密な維持管理が求められます。

（適合命令）

第三十七条　都道府県知事又は特定市町村の長は、指定定期検査機関が第二十八条第一号から第五号までに適合しなくなったと認めるときは、その指定定期検査機関に対し、これらの規定に適合するために必要な措置をとるべきことを命ずることができる。

【第37条解説】

　第28条第1号から第5号は、指定機関としての基準となる条件ですので、これらの事項を満足しない状況に陥った場合には、速やかに改善することが必要です。

（指定の取消し等）

第三十八条　都道府県知事又は特定市町村の長は、指定定期検査機関が次の各号の一に該当するときは、その指定を取り消し、又は期間を定めて検査業務の全部若しくは一部の停止を命ずることができる。

　一　この節の規定に違反したとき。

　二　第二十七条第一号又は第三号に該当するに至ったとき。

　三　第三十条第一項の認可を受けた業務規程によらないで定期検査を行ったとき。

　四　第三十条第三項、第三十五条又は前条の規定による命令に違反したとき。

　五　不正の手段により第二十条第一項の指定を受けたとき。

【第38条解説】

　指定の取消し又は定期検査業務の停止を命じる場合には、法第159条第2項第3号に基づき公示する必要があります。

（都道府県知事等による検査業務の実施）

第三十九条　都道府県知事又は特定市町村の長は、指定定期
　　検査機関から第三十二条の規定による検査業務の全部若し
　　くは一部の休止の届出があったとき、前条の規定により指
　　定定期検査機関に対し検査業務の全部若しくは一部の停止
　　を命じたとき、又は指定定期検査機関が天災その他の事由
　　により検査業務の全部若しくは一部を実施することが困難
　　となった場合において必要があると認めるときは、当該検
　　査業務の全部又は一部を自ら行うものとする。

　　2　都道府県知事若しくは特定市町村の長が前項の規定に
　　　より検査業務の全部若しくは一部を自ら行う場合、指定
　　　定期検査機関から第三十二条の規定による検査業務の全
　　　部若しくは一部の廃止の届出があった場合又は前条の規
　　　定により指定定期検査機関の指定を取り消した場合にお
　　　ける検査業務の引継ぎその他の必要な事項については、
　　　経済産業省令で定める。

【第39条解説】

　指定定期検査機関がその業務を廃止又は休止若しくは実質的
に定期検査業務を実施できない事態に立ち至った場合には、第
20条第2項の効力が失われますので、都道府県又は特定市町
村は自ら第19条の定期検査を行う必要が生じます。

　第2項の規定により、検査機関指定等省令第8条の規定に基
づき、第31条に掲げる帳簿類（同省令第4条の過去2年分保
存されている定期検査対象者名簿や検査対象器物の記載されて
いる帳簿類並びに検査実績記録等に関する帳簿類）の引き継ぎ
を行い、法第159条第2項第4号に基づき事前にその旨公示し
た後、都道府県又は特定市町村が自ら定期検査を実施すること
となります。

　第2項の業務引き継ぎがなされなかった場合の罰則規定はあ
りませんが、定期検査業務引継ぎに不可欠なこれらの第31条
に掲げる帳簿類が作成されていない場合又は虚偽の記載がある
場合若しくは保存されていない場合は、法第176条第1号によ
り指定定期検査機関の役員又は職員個人に対して罰則規定が適
用されます。

第 **4** 章

正確な特定計量器等の供給

【概要】

　第4章は、特定計量器の製造・修理・販売、一般の消費者の生活の用に供される計量器のうち、適正な計量の実施を確保するためにその構造及び器差に係る基準を定めるものとして政令で定める特定計量器（いわゆる家庭用計量器）及び特殊容器製造事業について規定しています。

第1節　製造

　特定計量器の製造の事業を行おうとする者の事業の届出及びその手順（法第40条）、承継（法第41条）、変更の届出等（法第42条）、検査義務（法第43条）、改善命令（法第44条）及び廃止の届出（法第45条）について規定したものです。

（事業の届出）

第四十条　特定計量器の製造の事業を行おうとする者（自己が取引又は証明における計量以外にのみ使用する特定計量器の製造の事業を行う者を除く。）は、経済産業省令で定める事業の区分（第二号において単に「事業の区分」という。）に従い、あらかじめ、次の事項を経済産業大臣に届け出なければならない。

　一　氏名又は名称及び住所並びに法人にあっては、その代表者の氏名

　二　事業の区分

　三　当該特定計量器を製造しようとする工場又は事業場の名称及び所在地

　四　当該特定計量器の検査のための器具、機械又は装置であって、経済産業省令で定めるものの名称、性能及び数

２　前項の規定による届出は、電気計器以外の特定計量器に係る場合にあっては、経済産業省令で定めるところにより、都道府県知事を経由してしなければならない。

【第40条解説】

　第1項は、特定計量器の製造の事業を行おうとする者は、あらかじめ事業者の名称、事業の区分、工場又は事業場の所在地

及び検査のための器具、機械又は装置の名称、性能等を経済産業大臣に届け出なければならないことを定めたものです。

　　※　事業の区分や届出の手続の具体的な内容については、施行規則第5条及び第6条を参照してください。

　第2項は、届出の手順を定めたものです。都道府県知事を経由して経済産業大臣に届け出ることを規定したものです。

　届出の主体は、基本、経済産業大臣ですが、電気計器（最大需要電力計、電力量計又は無効電力量計）については、施行令第43条（権限の委任）により経済産業局長となる場合がありますので注意が必要です。

（承継）

第四十一条　前条第一項の規定による届出をした者（以下「届出製造事業者」という。）がその届出に係る事業の全部を譲渡し、又は届出製造事業者について相続、合併若しくは分割（その届出に係る事業の全部を承継させるものに限る。）があったときは、その事業の全部を譲り受けた者又は相続人（相続人が二人以上ある場合において、その全員の同意により事業を承継すべき相続人を選定したときは、その者。以下同じ。）、合併後存続する法人若しくは合併により設立した法人若しくは分割によりその事業の全部を承継した法人は、その届出製造事業者の地位を承継する。

【第41条解説】

　第41条は、届出製造事業者がその届出に係る事業の全部を譲渡し、又は相続、合併若しくは分割があったときに、その相続を譲り受けた者、合併又は相続人若しくは合併後存続する法人若しくは合併により設立した法人若しくは分割によりその事業の全部を承継した法人は、その届出製造事業者の地位を承継することを規定したものです。つまり、届出製造事業者に係る事業の譲渡、相続、合併及び分割した場合の承継を規定したものです。

（変更の届出等）

第四十二条　届出製造事業者は、第四十条第一項第一号、第三号又は第四号の事項に変更があったときは、遅滞なく、

その旨を経済産業大臣に届け出なければならない。

2　前項の場合において、前条の規定により届出製造事業者の地位を承継した者は、その事実を証する書面を提出しなければならない。

3　第四十条第二項の規定は、第一項の規定による届出に準用する。

【第42条解説】

　第1項は、第40条第1項第1号、第3号、第4号の事項に変更があったときに届出書記載事項変更届（施行規則第7条第1項、様式第3）を提出することを規定したものです。

　第2項は、事業の承継した者も同様に、「届出書記載事項変更届」と書面（施行規則第7条第2項、様式第4〜第6の2）を添付し提出しなければならないことを規定したものです。

　第3項は、都道府県知事への届出の場合についても、第1項を準用することを規定しています。

（検査義務）

第四十三条　届出製造事業者は、特定計量器を製造したときは、経済産業省令で定める基準に従って、当該特定計量器の検査を行わなければならない。ただし、第十六条第一項第二号ロの指定を受けた者が第九十五条第二項の規定により検査を行う場合は、この限りでない。

【第43条解説】

　届出製造事業者は、特定計量器を製造したときは、施行規則第8条（検査義務）に従って、検査を行わなければならないことを規定したものです。

　施行規則第8条（検査義務）（抜粋）

　第1号　検査規則が制定され、その検査規則が確実に履行されていること。

　第2号　検査管理責任者又は検査部門（以下「検査管理責任者等」という。）が設置され、その検査管理責任者等が検査を統括していること。

［中略］

第6号　検査管理責任者等が、検査記録を作成し、その検査
　　　管理責任者等の責任においてこれが3年以上保存され
　　　ていること。

　ただし、法第16条第1項第2号ロの指定を受けた者（指定
製造事業者）が法第95条第2項の規定により検査（基準適合
義務等）を行う場合は、この規定は適用されません。

　（改善命令）
第四十四条　経済産業大臣は、届出製造事業者が前条の経済
　　産業省令で定める基準に従って特定計量器の検査を行って
　　いないと認める場合において、当該特定計量器の適正な品
　　質を確保するために必要があると認めるときは、その届出
　　製造事業者に対し、当該特定計量器の検査のための器具、
　　機械若しくは装置の改善又はその検査の方法の改善に関
　　し、必要な措置をとるべきことを命ずることができる。た
　　だし、前条ただし書の場合は、この限りでない。

【第44条解説】
　届出製造事業者に係る届出の主体である経済産業大臣は、検
査設備の改善及び検査方法の改善について、必要な措置をとる
よう命ずることができることを規定したものです。
　ただし、指定製造事業者については、基準適合義務等の規定
にあることからこの規定は適用されません。

　（廃止の届出）
第四十五条　届出製造事業者は、その届出に係る事業を廃止
　　したときは、遅滞なく、その旨を経済産業大臣に届け出な
　　ければならない。
2　第四十条第二項の規定は、前項の規定による届出に準用
　　する。

【第45条解説】
　第1項は、届出製造事業者がその届出に係る事業を廃止した
とき、遅滞なく、その旨を経済産業大臣に届け出なければなら
ないことを規定したものです。
　届出の方法は、施行規則第9条で以下のとおり規定されてい

ます（届出書の様式は施行規則様式第7（事業廃止届）となります）。

＜施行規則第9条（廃止の届出）第1項（抜粋）＞

　電気計器に係る事業であって当該事業に係る工場又は事業場が一の経済産業局の管轄区域内のみにあるものにあっては経済産業局長、その他の事業にあっては経済産業大臣に提出しなければならない。ただし、電気計器以外の特定計量器に係る場合にあっては、その事業を行っている主たる工場又は事業場の所在地を管轄する都道府県知事を経由してしなければならない。

　第2項は、届出の手順を規定したものです。法第40条第2項（電気計器以外の特定計量器に係る届出は都道府県知事を経由して行う）は、第1項による届出に準用することを規定したものです。

■第2節　修理

【概要】

　特定計量器の修理事業に関する規定であり、特定計量器の修理の事業を行おうとする者に対して届出を義務化したものです。事業の届出又は承継等についても製造事業の届出と基本的には同様です。

（事業の届出）

第四十六条　特定計量器の修理（経済産業省令で定める軽微な修理を除く。第四十九条第三項を除き、以下同じ。）の事業を行おうとする者（自己が取引又は証明における計量以外にのみ使用する特定計量器の修理の事業を行う者を除く。）は、経済産業省令で定める事業の区分（第二号において単に「事業の区分」という。）に従い、あらかじめ、次の事項を、電気計器に係る場合にあっては経済産業大臣に、その他の特定計量器に係る場合にあっては当該特定計量器の修理をしようとする事業所の所在地を管轄する都道府県知事に届け出なければならない。ただし、届出製造事業者が第四十条第一項の規定による届出に係る特定計量器

　　の修理の事業を行おうとするときは、この限りでない。

　　一　氏名又は名称及び住所並びに法人にあっては、その代
　　　表者の氏名

　　二　事業の区分

　　三　当該特定計量器の修理をしようとする事業所の名称及
　　　び所在地

　　四　当該特定計量器の検査のための器具、機械又は装置で
　　　あって、経済産業省令で定めるものの名称、性能及び数

２　第四十一条、第四十二条第一項及び第二項並びに前条第
　一項の規定は、前項の規定による届出をした者（以下「届
　出修理事業者」という。）に準用する。この場合において、
　第四十二条第一項及び前条第一項中「経済産業大臣」とあ
　るのは、「都道府県知事（電気計器の届出修理事業者にあっ
　ては、経済産業大臣)」と読み替えるものとする。

【第46条解説】

　第1項は、特定計量器の修理（軽微な修理を除く）の事業を
行おうとする者は、あらかじめ事業者の名称、事業の区分、工
場又は事業場の所在地及び検査のための器具、機械又は装置の
名称、性能等を経済産業大臣に届け出なければならないことを
定めたものです。

　電気計器にあっては経済産業大臣、電気計器以外の特定計量
器については都道府県知事に届出を行うことを規定していま
す。なお、届出製造事業者については改めて修理の事業の届出
は不要です。

　第2項は、届出の手続を規定したものです。法第41条(承継)、
第42条（変更の届出等）第1項、第2項、第45条（廃止の届
出）第1項については届出製造事業の場合と同様です。

　修理とは、計量器がその性能、構造の一部を失った場合に、
その失われた性能、構造を回復することと定義され、以下の修
理が存在しています。

　①　軽微な修理（法第46条第1項、施行規則第10条）

　②　簡易修理(法第49条第1項ただし書き、施行規則第11条)

　③　修理（法第46条第1項）

　④　型式承認の表示を除去しない修理（法第49条第2項た
だし書き、施行規則第12条)

　軽微な修理とは、誰でもが行うことができる修理で、修理事業の届出等の必要のない修理です。

　また、第2項では、都道府県知事を経由して経済産業大臣に届け出ることが規定されています。

（検査義務）

第四十七条　届出製造事業者又は届出修理事業者は、特定計量器の修理をしたときは、経済産業省令で定める基準に従って、当該特定計量器の検査を行わなければならない。

【第47条解説】

　省令で定める基準とは、施行規則第13条において準用する施行規則第8条で規定する検査義務です。

（改善命令）

第四十八条　経済産業大臣又は都道府県知事は、届出製造事業者又は届出修理事業者が前条の経済産業省令で定める基準に従って特定計量器の検査を行っていないと認める場合において、当該特定計量器の適正な品質を確保するために必要があると認めるときは、その届出製造事業者又は届出修理事業者に対し、当該特定計量器の検査のための器具、機械若しくは装置の改善又はその検査の方法の改善に関し、必要な措置をとるべきことを命ずることができる。

【第48条解説】

　届出製造事業者の改善命令（法第44条）と同様に、検査設備の改善及び検査方法の改善について、経済産業大臣又は都道府県知事が必要な措置をとるよう命ずることができることを規定したものです。

（検定証印等の除去）

第四十九条　検定証印等、第七十四条第二項若しくは第三項の合番号又は第七十五条第二項の装置検査証印が付されている特定計量器の改造（第二条第五項の経済産業省令で定める改造に限る。次項において同じ。）又は修理をした者は、これらの検定証印等、合番号又は装置検査証印を除去しなければならない。ただし、届出製造事業者若しくは届出修

理事業者が当該特定計量器について、又は第百二十七条第一項の指定を受けた者がその指定に係る事業所において使用する特定計量器について、経済産業省令で定める修理をした場合において、その修理をした特定計量器の性能が経済産業省令で定める技術上の基準に適合し、かつ、その器差が経済産業省令で定める使用公差を超えないときは、この限りでない。

2　第八十四条第一項（第八十九条第四項において準用する場合を含む。）の表示が付されている特定計量器の改造又は修理をした者は、その表示を除去しなければならない。ただし、届出製造事業者若しくは届出修理事業者が当該特定計量器について、又は第百二十七条第一項の指定を受けた者がその指定に係る事業所において使用する特定計量器について経済産業省令で定める修理をした場合は、この限りでない。

3　変成器の製造又は修理の事業を行う者は、第七十四条第二項の合番号が付されている変成器の改造又は修理（経済産業省令で定める軽微な修理を除く。）をしたときは、その合番号を除去しなければならない。

【第49条解説】

第1項は、検定証印等の付された特定計量器の改造又は修理をした者は、原則、これらの検定証印等、合番号、装置検査証印を除去しなければならないことを規定したものです。特定計量器を修理した場合には、必ず、公的に定めた基準（検定等）に適合したものを使用させるために、これらの証印等の抹消を義務化したものです。

ただし、簡易修理（施行規則第11条）を行った場合、同条第2項の規定により、検定規則で定める技術上に基準に適合し、器差が使用公差を超えない場合には、これらの検定証印等を除去する必要はありません。

※　簡易修理
　計量器の性能、構造に影響を及ぼす修理であって、器差に影響を及ぼす蓋然性の乏しいもの

第2項は、型式承認の表示が付されている特定計量器の改造

又は修理をした者は、その表示を除去しなければならないことを規定したものです。ただし、届出製造事業者若しくは届出修理事業者又は適正計量管理事業所において、施行規則第12条第1項で定める修理（簡易修理及び同一型式の範囲内の修理）を行った場合には、その型式承認の表示の除去が適用されません。

※　同一型式の範囲内の修理
　　その特定計量器に係る型式と同一の型式に属するものとして国立研究開発法人産業技術総合研究所又は日本電気計器検定所が示す構造の範囲における修理

　第3項は、変成器付電気計器の変成器を改造又は修理した場合にその合番号を抹消しなければならないことを規定したものです。通常、変成器付電気計器は、電気計器と変成器の検査を個別に行い、総誤差から合否を判定しますので、変成器の改造又は修理した場合には合番号を除去しなければなりません。

（有効期間のある特定計量器に係る修理）
第五十条　届出製造事業者又は届出修理事業者は、第七十二条第二項の政令で定める特定計量器であって一定期間の経過後修理が必要となるものとして政令で定めるものについて、経済産業省令で定める基準に従って修理をしたときは、経済産業省令で定めるところにより、これに表示を付することができる。
2　前項の表示には、その修理をした年を表示するものとする。
3　何人も、第一項に規定する場合を除くほか、特定計量器に同項の表示又はこれと紛らわしい表示を付してはならない。

【第50条解説】
　検定証印等の有効期間のある特定計量器（法第72条第2項）については、再検定前に修理の必要がないものと一定期間経過後修理の必要なものがあり、施行規則第14条に定める修理をしたときは、施行規則第15条で定める表示（次頁図参照）を付すことができます。一定期間の経過後修理が必要な特定計量

器は、施行令第12条により、水道メーター、温水メーター、無効電力量計等が定められています。

（点検のみをした場合）　　　（補修又は取替えをした場合）

第3節　販売

【概要】

　特定計量器の製造又は修理の事業の届出については、すべての特定計量器を対象としています。第3節では、販売の事業の届出及び重要な遵守事項を定めています。

（事業の届出）

第五十一条　政令で定める特定計量器の販売（輸出のための販売を除く。）の事業を行おうとする者は、経済産業省令で定める事業の区分（第二号において単に「事業の区分」という。）に従い、あらかじめ、次の事項を、当該特定計量器の販売をしようとする営業所の所在地を管轄する都道府県知事に届け出なければならない。ただし、届出製造事業者又は届出修理事業者が第四十条第一項又は第四十六条第一項の規定による届出に係る特定計量器であってその者が製造又は修理をしたものの販売の事業を行おうとするときは、この限りでない。

一　氏名又は名称及び住所並びに法人にあっては、その代表者の氏名

二　事業の区分

三　当該特定計量器の販売をしようとする営業所の名称及び所在地

2　第四十一条、第四十二条第一項及び第二項並びに第四十五条第一項の規定は、前項の規定による届出をした者に準用する。この場合において、第四十二条第一項及び第四十五条第一項中「経済産業大臣」とあるのは、「都道府

県知事」と読み替えるものとする。

【第51条解説】

第1項は、政令で定める特定計量器（輸出のための販売は除外）の販売を行う者について、省令で定める事業の区分に従って営業所の所在地を管轄する都道府県知事に対して届出を行うことを規定したものです。

政令で定める特定計量器は、非自動はかり、分銅及びおもりです。施行令第14条で規定する特定計量器（製造等における基準適合義務に係る特定計量器（いわゆる、家庭用計量器））は除外されます。事業の区分の略称は、施行規則第16条により「質量計」とされています。

ただし、届出製造事業者又は届出修理事業者が届出に係る特定計量器であって自らが製造又は修理した特定計量器の販売を行おうとするときは届出が不要となります。

第2項は、承継（法第41条）、変更の届出等（法第42条第1項、第2項）、廃止の届出（法第45条第1項）については、届出製造又は修理事業者と同様な手続となることを定めたものです。

（遵守事項）

第五十二条　経済産業大臣は、経済産業省令で、前条第一項の政令で定める特定計量器の販売に当たりその販売の事業を行う者（以下この条において「販売事業者」という。）が遵守すべき事項を定めることができる。

2　都道府県知事は、販売事業者が前項の経済産業省令で定める事項を遵守しないため、当該特定計量器に係る適正な計量の実施の確保に支障を生じていると認めるときは、当該販売事業者に対し、これを遵守すべきことを勧告することができる。

3　都道府県知事は、前項の規定による勧告をした場合において、その勧告を受けた者がこれに従わなかったときは、その旨を公表することができる。

4　都道府県知事は、第一項の経済産業省令で定める事項を遵守しないため第二項の規定による勧告を受けた販売事業者が、正当な理由がなくてその勧告に係る措置をとらな

かった場合において、特に必要があると認めるときは、その者に対し、その勧告に係る措置をとるべきことを命ずることができる。

【第52条解説】

　第1項は、販売事業者に対する遵守すべき事項を定めたものです。具体的な遵守事項は、施行規則第19条で次のとおり規定されています。

　　① 届出に係る特定計量器の性能及び使用の方法、当該特定計量器に係る法の規制その他の当該特定計量器に係る適正な計量の実施のために必要な知識の習得に努めること。

　　② 届出に係る特定計量器を購入する者に対し、適正な計量の実施のために必要な事項を説明すること。

　第2項は、販売事業者が遵守事項を守らないため、適正な計量の実施の確保に支障が生じていると認めるときに、都道府県知事が勧告できることを定めたものです。

　第3項は、第2項の勧告を受けた者がそれに従わなかった場合に公表できることを定めたものです。

　第4項は、遵守事項を守るべきことの勧告をうけた販売事業者が正当な理由がなく、その勧告に係る措置をとらなかった場合に都道府県知事がその勧告に対する必要な措置をとるべきことを命ずることができることを定めたものです。

■ 第4節　特別な計量器

【概要】

　健康管理や調理等、国民生活に密着した多くの計量器が存在している中で特に政令で定めるものについて、製造事業者と輸入事業者に対して一定の技術基準に適合するものを製造・販売させることにより、これらの計量器の信頼性を確保することを目的とした制度（いわゆる、家庭用特定計量器制度）です。な

お、この制度は他国に例のないわが国特有のものです。

（製造等における基準適合義務）

第五十三条　主として一般消費者の生活の用に供される特定
　　計量器（第五十七条第一項の政令で定める特定計量器を除
　　く。）であって政令で定めるものの届出製造事業者は、当
　　該特定計量器を製造するときは、当該特定計量器が経済産
　　業省令で定める技術上の基準に適合するようにしなければ
　　ならない。ただし、輸出のため当該特定計量器を製造する
　　場合においてあらかじめ都道府県知事に届け出たとき、及
　　び試験的に当該特定計量器を製造する場合は、この限りで
　　ない。
　2　前項の政令で定める特定計量器の輸入の事業を行う者
　　は、当該特定計量器を販売するときは、同項の経済産業省
　　令で定める技術上の基準に適合するものを販売しなければ
　　ならない。ただし、輸出のため当該特定計量器を販売する
　　場合において、あらかじめ、都道府県知事に届け出たとき
　　は、この限りでない。

【第 53 条解説】

　第 1 項は、政令で定める特定計量器（いわゆる、家庭用特定
計量器）の届出製造事業者について、製造等における基準適合
義務を規定したものです。

　家庭用特定計量器の対象は、ヘルスメーター（一般体重計）、
ベビースケール（乳児用体重計）、キッチンスケール（調理用
はかり）のみです。詳細は、施行令第 14 条（製造等における
基準適合義務に係る特定計量器）を参照ください。

　経済産業省令で定める技術上の基準とは、施行規則第 20 条
（家庭用特定計量器の技術上の基準）により JIS B 7613（家庭
用はかり）によると定められています。

　第 2 項は、輸入事業者が家庭用特定計量器を販売する場合に
ついても、同様に基準適合義務を課すことを規定したものです。

（表示）

第五十四条　前条第一項に規定する届出製造事業者又は同条
　　第二項に規定する者は、当該特定計量器を販売する時まで

に、経済産業省令で定めるところにより、これに表示を付さなければならない。

2　前項の規定は、前条第一項ただし書又は第二項ただし書の規定の適用を受けて製造し、又は販売される特定計量器及び検定証印等が付された特定計量器については、適用しない。

3　何人も、第一項に規定する場合を除くほか、特定計量器に同項の表示又はこれと紛らわしい表示を付してはならない。

【第54条解説】

第1項は、家庭用特定計量器の届出製造事業者及び輸入事業者は、その販売時までに当該家庭用特定計量器に省令で定める表示（右図）を付さなければならないことを規定したものです。

家庭用特定計量器技術基準
適合マーク

第2項は、法第53条第1項ただし書き及び同第2項ただし書の場合と検定証印等が付されたものについては表示義務が適用されないことを規定したものです。

第3項は、この表示又はこれと紛らわしい表示の表示制限を規定したものです。

第五十五条　第五十三条第一項の政令で定める特定計量器の販売の事業（同項に規定する届出製造事業者又は同条第二項に規定する者が行うその製造又は輸入をした特定計量器の販売の事業を除く。）を行う者は、前条第一項の表示又は検定証印等が付されているものでなければ、当該特定計量器を販売し、又は販売の目的で陳列してはならない。ただし、輸出のため当該特定計量器を販売する場合において、あらかじめ、都道府県知事に届け出たときは、この限りでない。

【第55条解説】

家庭用特定計量器の販売事業者は、法第54条の表示又は検定証印等が付されたものでなければ、家庭用特定計量器を販売又は販売目的で陳列してはならないことを規定したものです。

ただし、輸出のため販売する場合で都道府県知事に届け出た

場合は除外されます。

（改善命令）
第五十六条　経済産業大臣は、第五十三条第一項に規定する
　　届出製造事業者又は同条第二項に規定する者が同条第一項
　　又は第二項の規定に違反していると認めるときは、その者
　　に対し、その製造し、又は販売する特定計量器が同条第一
　　項の経済産業省令で定める技術上の基準に適合するために
　　必要な措置をとるべきことを命ずることができる。

【第56条解説】
　経済産業大臣は、家庭用特定計量器の届出製造事業者及び輸
入事業者が基準適合義務に違反していると認めるときに、その
者に対して、製造又は販売する特定計量器が技術上の基準に適
合するために必要な措置をとるべきことを命ずることができる
ことを規定したものです。

（譲渡等の制限）
第五十七条　体温計その他の政令で定める特定計量器の製
　　造、修理又は輸入の事業を行う者は、検定証印等（第
　　七十二条第二項の政令で定める特定計量器にあっては、有
　　効期間を経過していないものに限る。次項において同じ。）
　　が付されているものでなければ、当該特定計量器を譲渡し、
　　貸し渡し、又は修理を委託した者に引き渡してはならない。
　　ただし、輸出のため当該特定計量器を譲渡し、貸し渡し、
　　又は引き渡す場合において、あらかじめ、都道府県知事に
　　届け出たときは、この限りでない。
　2　前項の政令で定める特定計量器の販売の事業を行う者
　　（同項に規定する者を除く。）は、検定証印等が付されてい
　　るものでなければ、当該特定計量器を譲渡し、貸し渡し、
　　又は譲渡し、若しくは貸し渡すために所持してはならない。
　　ただし、輸出のため当該特定計量器を譲渡し、又は貸し渡
　　す場合において、あらかじめ、都道府県知事に届け出たと
　　きは、この限りでない。

【第57条解説】
　特に人命の保持に深く関わる特定計量器については、不良品

の流通を防止することが非常に重要です。このような観点から、取引又は証明に使用する否かを問わず当該特定計量器の製造、修理又は輸入を行う事業者に対して、検定証印等が付されていないものの譲渡、貸し渡し、又は修理をした者への引き渡しをしてはならないことを規定したものです。

　第1項は、体温計その他の政令で定める特定計量器の製造、修理又は輸入の事業を行う者は、検定証印等が付されているものでなければ、当該特定計量器を譲渡し、貸し渡し、又は修理を委託した者に引き渡してはならないことを規定したものです。

　施行令第15条（譲渡等の制限に係る特定計量器）

　　　第1号　ガラス製体温計

　　　第2号　抵抗体温計

　　　第3号　アネロイド型血圧計

　第2項は、販売事業者に対しても、検定証印等のないものの譲渡、貸し渡し、これらのための所持を禁止したものです。

　なお、輸出のための譲渡等については、都道府県知事に届け出たときには適用されません。

第5節　特殊容器製造事業

【概要】

　法第16条第1項第1号の規定により、計量器でないものは取引又は証明の計量に使用してはならないとされていますが、当然、容器（瓶）については、計量するための器具、機械又は装置には該当しません。

　本節の特殊容器製造事業とは、特殊容器（経済産業大臣が指定した者が製造した一定規格の壜）に、特定の液体商品を規定に従って詰め込む体積取引に使うときは適法とするものです。

　この特定の液体とは、施行令第8条（特殊容器の使用に係る商品）により第1号の牛乳（加工乳及び乳飲料）から第12号（液状の農薬）が定められています。

（指定）

第五十八条　第十七条第一項の指定は、特殊容器[※1]の製造の事業を行う者（以下この節において「製造者」という。）又は外国において本邦に輸出される特殊容器の製造の事業を行う者（以下この節において「外国製造者」という。）の申請により、その工場又は事業場ごとに行う。

【第 58 条解説】

　法第 17 条（特殊容器の使用）第 1 項により、経済産業大臣が指定した省令に定める型式に属する特殊容器を製造するときには、製造者又は外国製造者の申請によって、その工場又は事業場ごとに行うことを規定したものです。

※　施行規則第 25 条（型式）

　　JIS S 2350　（容器表示付きガラス製びん（壜））

（指定の申請）

第五十九条　第十七条第一項の指定を受けようとする製造者は、次の事項を記載した申請書を経済産業大臣に提出しなければならない。

　一　氏名又は名称及び住所並びに法人にあっては、その代表者の氏名

　二　工場又は事業場の名称及び所在地

　三　特殊容器の製造及び検査の方法に関する事項（経済業省令で定めるものに限る。）

　四　その者が製造した特殊容器であることを表示するための記号

【第 59 条解説】

　指定を受けようとする製造者（特殊容器の製造の事業を行う事業者）が、第 1 号から第 4 号の事項を記載した申請書を経済産業大臣に提出することを規定したものです。なお、指定の権限については、法第 168 条の 8 に基づく施行令第 41 条第 1 項で都道府県知事に委任されています。

　第 3 号の省令で定めるものとは、施行規則第 28 条（指定の

※1　特殊容器とは、透明又は半透明のガラス製の容器であって経済産業省令で定めるもの（法第 17 条第 1 項）。

申請）第2項で以下のとおり定められています。

第1号　ガラス原料の調合のための設備の名称、性能及び
数

第2号　溶融ガラスの形成のための設備の名称、性能及び
数

［中略］

第8号　法第63条第1項検査の方法及び当該検査の管理
の方法

（指定の基準）

第六十条　第六十七条の規定により指定を取り消され、その
取消しの日から一年を経過しない製造者は、第十七条第一
項の指定を受けることができない。

2　経済産業大臣は、第十七条第一項の指定の申請が次の各
号に適合すると認めるときでなければ、その指定をしては
ならない。

一　特殊容器の製造の方法が経済産業省令で定める基準に
適合するものであること。

二　特殊容器の検査の方法が経済産業省令で定める基準に
適合するものであること。

【第60条解説】

第1項は、欠格事項を規定しています。

第2項は、指定の条件として、施行規則第30条（指定の基準）
第1項で製造の方法・設備、同条第2項で検査の方法を規定し
ています。

施行規則第30条（指定の基準）第1項

第1号　ガラス原料の調合に関する事項

［中略］

第6号　設備及び金型の管理に関する事項

施行規則第30条（指定の基準）第2項

第1号　特殊容器の検査に必要な設備は、日本産業規格 S
2350 容器表示付きガラス製びん（壜）によること。

第2号　法第63条第1項第1号に適合しているかどうか
の検査の方法は、日本産業規格 S 2350 容器表示付

きガラス製びん（壜）附属書Cによること。

［以下、省略］

（承継）

第六十一条 第十七条第一項の指定を受けた製造者(以下「指定製造者」という。)が当該指定に係る事業の全部を譲渡し、又は指定製造者について相続、合併若しくは分割（当該指定に係る事業の全部を承継させるものに限る。）があったときは、その事業の全部を譲り受けた者又は相続人、合併後存続する法人若しくは合併により設立した法人若しくは分割によりその事業の全部を承継した法人は、その指定製造者の地位を承継する。ただし、当該事業の全部を譲り受けた者又は相続人、合併後存続する法人若しくは合併により設立した法人若しくは分割により当該事業の全部を承継した法人が前条第一項に該当するときは、この限りでない。

【第61条解説】

指定製造者が指定に係る事業を譲渡、相続、合併（分割）等の場合の地位の承継を規定したものです。ただし、当該事業の全部を譲り受けた者又は相続人、合併後存続する法人若しくは合併により設立した法人若しくは分割により当該事業の全部を承継した法人が第60条（指定の基準）第1項（指定に係る欠格事項）に該当するときは、この規定が適用されません。

（変更の届出等）

第六十二条 指定製造者は、第五十九条各号の事項に変更があったときは、遅滞なく、その旨を経済産業大臣に届け出なければならない。

2 前項の場合において、前条の規定により指定製造者の地位を承継した者は、その事実を証する書面を提出しなければならない。

【第62条解説】

第1項は、指定申請記載事項の変更があったとき、経済産業大臣（法第168条の8の規定により都道府県知事）への届出に関する規定です。

　第2項は、指定製造者の地位を承継した者の変更届に関する規定です。

　第1項の規定に違反した場合、罰則の適用があります。

（表示）

第六十三条　指定製造者は、その指定に係る工場又は事業場において製造した特殊容器が次の各号に適合するものであるときは、経済産業省令で定めるところにより、これに表示を付することができる。

　　一　第十七条第一項の経済産業省令で定める型式に属すること。

　　二　その器差が経済産業省令で定める容量公差を超えないこと。

2　指定製造者は、前項の表示をするときは、その特殊容器に、経済産業省令で定める方法により、第五十九条第四号の規定により同条の申請書に記載した記号及びその型式について第十七条第一項の経済産業省令で定める容量を表記しなければならない。

3　何人も、第一項（第六十九条第一項において準用する場合を含む。）に規定する場合を除くほか、特殊容器に第一項の表示又はこれと紛らわしい表示を付してはならない。

【第63条解説】

　第1項は、指定製造者がその指定された工場等において製造した特殊容器が省令で定める型式に属すること及びその器差が省令で定める容量公差を超えないときに、当該特殊容器に省令で定める表示（右図）を付すことができることを規定したものです。

　施行規則第30条（指定の基準）第2項第3号

　法第63条第1項第2号に適合しているかどうかの検査の方法は、日本産業規格S 2350 容器表示付きガラス製びん（壜）によること。

　第2項は、表示の方法を規定したものです。指定を受けた者が第1項の表示をするときには、その者が製造した特殊容器であることを表示するための記号及びその型式について省令で定

められた容量を表記しなければならないことを規定しています。

　第3項は、類似の表示等を禁止したものです。これらの場合を除いて何人も特殊容器に当該表示又はこれと紛らわしい表示を付してはならないことを規定したものです。

　第2項、第3項規定に違反した者には罰則の適用があります。

（適合命令）
第六十四条　経済産業大臣は、指定製造者が第六十条第二項各号に適合しなくなったと認めるときは、その指定製造者に対し、これらの規定に適合するために必要な措置をとるべきことを命ずることができる。

【第64条解説】
　指定製造者が指定の要件（法第60条第2項）に適合しなくなったと認めるときは、経済産業大臣が当該事業者に適合するために必要な措置をとるべき命令を行うことができることを規定したものです。ただし、適合命令を行うことができる者は、法第168条の8に基づく施行令第41条第1項により都道府県知事です。罰則の適用があります。

（廃止の届出）
第六十五条　指定製造者は、その指定に係る事業を廃止したときは、遅滞なく、その旨を経済産業大臣に届け出なければならない。

【第65条解説】
　指定製造者がその指定に係る事業を廃止したときの廃止の手続に関する規定です。届出先は、前条同様で都道府県知事です。違反した場合には罰則の適用があります。

（指定の失効）
第六十六条　指定製造者がその指定に係る事業を廃止したときは、その指定は効力を失う。

【第66条解説】
　指定製造者がその指定に係る事業を廃止したときは、その効

力が失われることを規定したものです。

（指定の取消し）

第六十七条　経済産業大臣は、指定製造者が次の各号の一に
　　該当するときは、その指定を取り消すことができる。
　　一　第六十二条第一項又は第六十三条第二項若しくは第三
　　　項の規定に違反したとき。
　　二　第六十四条の規定による命令に違反したとき。
　　三　不正の手段により第十七条第一項の指定を受けたと
　　　き。

【第 67 条解説】

　第 1 号から第 3 号に該当するときに指定を取り消すことがで
きることを規定したものです。
　第 1 号　届出義務違反（法第 62 条第 1 項）又は表示違反（法
第 63 条第 2 項、第 3 項）
　第 2 号　適合命令違反
　第 3 号　不正により指定製造者の指定を受けたとき

（表示の除去）

第六十八条　特殊容器の輸入（商品を入れ、その商品ととも
　　に輸入する場合を含む。以下この条において同じ。）の事
　　業を行う者（以下「特殊容器輸入者」という。）は、第
　　六十三条第一項（次条第一項において準用する場合を含
　　む。）の規定により表示が付されている場合を除くほか、
　　第六十三条第一項の表示又はこれと紛らわしい表示が付さ
　　れている特殊容器を輸入したときは、これを譲渡し、又は
　　貸し渡す時までにその表示を除去しなければならない。

【第 68 条解説】

　特殊容器の輸入者が法第 63 条第 1 項により表示された以外
の場合で、当該表示又はこれと紛らわしい表示が付された特殊
容器を輸入したときは、これを譲渡又は貸し渡す時までにその
表示を除去しなければならないことを規定したものです。この
規定に違反した者は、罰則が適用されます。

（外国製造者に係る指定）

第六十九条　第五十九条及び第六十条の規定は外国製造者に係る第十七条第一項の指定に、第六十一条から第六十七条までの規定は同項の指定を受けた外国製造者（以下「指定外国製造者」という。）に準用する。この場合において、第六十条第一項中「第六十七条」とあるのは「第六十九条第一項において準用する第六十七条又は第六十九条第二項」と、第六十三条第三項中「何人も」とあるのは「指定外国製造者は」と、「特殊容器」とあるのは「本邦に輸出される特殊容器」と、第六十四条中「命ずる」とあるのは「請求する」と、第六十七条第二号中「命令に違反したとき」とあるのは「請求に応じなかったとき」と読み替えるものとする。

2　経済産業大臣は、前項において準用する第六十七条の規定によるもののほか、指定外国製造者が次の各号の一に該当するときは、その指定を取り消すことができる。

一　経済産業大臣が、この法律の施行に必要な限度において、政令で定めるところにより、指定外国製造者に対し報告を求めた場合において、その報告がされず、又は虚偽の報告がされたとき。

二　経済産業大臣が、この法律の施行に必要な限度において、その職員に、指定外国製造者の工場、事業場、営業所、事務所又は倉庫において、特殊容器、特殊容器の製造若しくは検査のための設備、帳簿、書類その他の物件について検査させ、又は関係人に質問させようとした場合において、その検査が拒まれ、妨げられ、若しくは忌避され、又はその質問に対して答弁がされず、若しくは虚偽の答弁がされたとき。

三　次項の規定による費用の負担をしないとき。

3　前項第二号の規定による検査に要する費用（政令で定めるものに限る。）は、当該検査を受ける指定外国製造者の負担とする。

【第69条解説】

第1項は準用規定です。外国においてわが国に輸出される特殊容器の製造を行う事業者については、国内の指定製造者と同様に下記の条文を準用して（読み替えて）適用することを規定

したものです。

　※　法第59条（指定の申請）、法第60条（指定の基準）、法第61条（承継）、法第62条（変更の届出等）、法第63条（表示）、法第64条（適合命令）、法第65条（廃止の届出）、法第66条（指定の失効）、法第67条（指定の取消し）。

　第2項は、指定外国製造者の指定の取消しを規定したものです。

　第3項は、指定外国製造者の指定の取消しに係わる検査に要する費用について、当該外国製造者の負担を規定したものです。具体的な内容は、施行令第16条（指定外国製造者の工場等における検査に要する費用の負担）で規定されています。

第 **5** 章

検定等

【概要】

第5章は、適正な計量の実施の確保を推進するための施策として、検定制度、変成器付電気計器検査及び装置検査、型式の承認、指定製造事業者、基準器検査及び指定検定機関に関する諸制度を規定したものです。

第1節 検定、変成器付電気計器検査及び装置検査

【概要】

検定制度は、社会に正確な計量器を供給するために、一定の水準以下のものに対してその供給を制限するものです。

検定とは、政令で定める特定計量器について、その精度（性能及び器差）を公に保証するため、計量法で規定する技術基準に従って検査し、合否の判定を行う行為です。基本的には、使用者から申請された特定計量器の構造（材質等）及び器差について一個ずつ、全数の検査が行われます。

（検定の申請）

第七十条　特定計量器について第十六条第一項第二号イの検定（以下単に「検定」という。）を受けようとする者は、政令で定める区分に従い、経済産業大臣、都道府県知事、日本電気計器検定所又は指定検定機関に申請書を提出しなければならない。

【第70条解説】

検定の実施主体（申請の提出先）を定めたものです。①〜④に示した機関があり、特定計量器の区分に応じた実施主体については施行令第17条、別表第4で定められています。

① 経済産業大臣[※1]

② 都道府県知事

③ 日本電気計器検定所

※1　経済産業大臣：法168条の2（第1号〜第4号）により国立研究開発法人産業技術総合研究所

④　指定検定機関

さらに、指定製造事業者が製造する特定計量器については省令で定める技術基準に基づく主たる検査を行うことにより、検定に代えることができる指定製造事業者制度も導入されております（本章第3節で解説）。

施行令第17条　別表第4（一部抜粋）

特定計量器	型式の承認に係る表示が付されたもの	型式の承認に係る表示が付されていないもの
一　タクシーメーター	都道府県知事	産業技術総合研究所
二　質量計 イ　非自動はかりのうち、ばね式指示はかり及び検出部が電気式のもの	都道府県知事又は指定検定機関	産業技術総合研究所又は指定検定機関
ロ　イに掲げるもの以外の非自動はかり	都道府県知事又は指定検定機関	都道府県知事又は指定検定機関
ハ　自動はかり	産業技術総合研究所又は指定検定機関	産業技術総合研究所又は指定検定機関
二　分銅及びおもり	都道府県知事	都道府県知事
以下　省略		

（合格条件）

第七十一条　検定を行った特定計量器が次の各号に適合するときは、合格とする。

一　その構造（性能及び材料の性質を含む。以下同じ。）が経済産業省令で定める技術上の基準に適合すること。

二　その器差が経済産業省令で定める検定公差を超えないこと。

2　前項第一号に適合するかどうかは、経済産業省令で定める方法により定めるものとする。ただし、第八十四条第一項(第八十九条第四項において準用する場合を含む。以下この項において同じ。)の表示が付された特定計量器（第五十条第一項の政令で定める特定計量器であって第八十四条第一項の表示が付されてから特定計量器ごとに経済産業省令で定める期間を経過したものにあっては、第五十条第一項の表示が付され、かつ、同項の表示が付されてから経済産業省令で定める期間を経過していないものに限る。）は、その検定に際しては、同号の経済産業省令で定める技術上の基準（性能に関するものであってこれに適合するかどうかを個々に定める必要があ

　　るものとして経済産業省令で定めるものを除く。）に適
　　合するものとみなす。
　3　第一項第二号に適合するかどうかは、経済産業省令で
　　定める方法により、第百二条第一項の基準器検査に合格
　　した計量器（経済産業省令で定める特定計量器の器差に
　　ついては、経済産業省令で定める標準物質）を用いて定
　　めるものとする。

【第 71 条解説】

　第 1 項は、検定の合格条件を定めたものです。第 1 号では、
構造が省令（検定規則第 6 条）で定める技術上の基準に適合し、
第 2 号で器差が省令（検定規則第 16 条第 2 項）で定める検定
公差を超えないことを条件としています。

　器差とは、計量器の性能を総合的に評価する一つの指標です。
計量器の指示（又は表示）する量と真実の量との差であり、「器
差＝計量値－真実の値」と定義され、器差には正・負の値があ
ります。真実の値とは、基準器検査（本章第 4 節参照）に合格
した基準器等によって現示される量です。検定公差とは、特定
計量器の器差の可否判断に用いるもので、許容すべき器差の最
大値です。

　第 2 項は、特定計量器の構造検査の方法を定めたもので、検
定規則の第 2 章から第 26 章で定める方法及び目視その他の必
要と認められる適切な方法と定められています。また、型式承
認の表示が付された特定計量器であって、一定期間の経過後修
理が必要となる特定計量器にあっては修理済表示の表示が付さ
れ省令で定める期間を経過しないものは、その検定に際しては、
省令で定める個々に定める性能の基準以外は構造に係る技術上
の基準に適合するものとみなすことを定めたものです。

法第50条第1項の政令で定める特定計量器（施行令第12条　別表第3）

特定計量器	有効期間
一　質量計	
イ　自動はかり（ロに掲げるものを除く。）	2年
ロ　法第百二十七条第一項の指定を受けた者が当該適正計量管理事業所において使用する自動はかり	6年
二　積算体積計	
イ　水道メーター	8年
ロ　温水メーター	8年
以下　省略	

　第3項は、検定を行った特定計量器の合否判断について、基準器検査に合格した基準器又は標準物質を用いて行うことを定めたものです。なお、具体的な検定公差、構造検定の方法及び器差検定の方法については、特定計量器の種類に応じた日本産業規格で定められています。

（検定証印）

第七十二条　検定に合格した特定計量器には、経済産業省令で定めるところにより、検定証印を付する。

　2　構造、使用条件、使用状況等からみて、検定について有効期間を定めることが適当であると認められるものとして政令で定める特定計量器の検定証印の有効期間は、その政令で定める期間とし、その満了の年月を検定証印に表示するものとする。

　3　第十九条第一項又は第百十六条第一項の政令で定める特定計量器の検定証印には、その検定を行った年月を表示するものとする。

　4　検定に合格しなかった特定計量器に検定証印等が付されているときは、その検定証印等を除去する。

　5　検定を行った電気計器に第七十四条第二項又は第三項の合番号が付されているときは、その合番号を除去する。

【第72条解説】

　検定に合格した特定計量器であるかどうかを客観的に識別する方法を構ずることは重要です。第1項は、検定に合格した特定計量器に付す検定証印（右図）の形状、大きさ等を

定めたものです。具体的には、検定規則第23条第1項に種類（打ち込み印、押し込み印、すり付け印、焼き印及びはり付け印）とその大きさが規定されています。

第2項は、検定証印等の有効期間のある特定計量器には、その有効期間の満了の年月を表示することを定めたものです。

有効期間満了の表示方法については、検定規則第25条で基本様式が定められています。

様式1　2017　　様式2　2017.11　　様式3　2017　11
　　　　　　11
※2017は西暦年数、11は月を表しています

第3項は、定期検査又は計量証明検査の対象となる政令で定める特定計量器には検定を行った年月を表示することを定めたものです。その表示の方法は、検定規則第26条で定められています。

第4項は、検定に合格しなかった特定計量器に検定証印等が付されているときの検定証印等の除去を定めたものです。除去とは、物理的に消去することでありその痕跡が残らないようにすることです。具体的には、検定規則第29条（検定証印等、合番号及び装置検査証印の除去）の規定により、次の各号のいずれかに掲げるところによるものと定められています。

第1号　機械的な方法により削除すること。
第2号　薬剤により消去すること。
第3号　容易にはく離しない塗料により被覆すること。
第4号　検定証印等、合番号又は装置検査証印の全体にわたり、明りょうに、かつ、容易に消滅しない方法で、相互に平行又は交差する二本以上の線を施すこと。
第5号　次の形状の消印を打ち込み印又はすり付け印により付すること。

　第5項は、検定を行った電気計器に法第74条第2項又は第3項の合番号が付されているときは、その合番号を除去することを定めたものです。除去の方法は、第4項と同様です。

（変成器付電気計器検査の申請）
第七十三条　電気計器について変成器付電気計器検査を受けようとする者は、政令で定める区分に従い、経済産業大臣、日本電気計器検定所又は指定検定機関に申請書を提出しなければならない。
　2　前項の規定により申請を行う場合には、電気計器にこれとともに使用する変成器を添えなければならない。ただし、次条第二項の合番号であって、これに表示された日から起算して経済産業省令で定める期間を経過していないものが付されている変成器とともに使用しようとする電気計器について変成器付電気計器検査を受ける場合において、その変成器に関し経済産業省令で定める事項を記載した書面を提出したときは、この限りでない。

【第73条解説】
　第1項は、電気計器について変成器付電気計器検査を受けようとする者は、政令（施行令第19条）で定める区分に従い、経済産業大臣、日本電気計器検定所又は指定検定機関（本章の第5節を参照）に申請書を提出しなければならないことを定めたものです。

　第2項は、変成器付電気計器検査の申請を行う場合には、当該電気計器とともに使用する変成器を添えなければならないことを定めたものです。ただし、合番号が表示された日から起算して14年を経過していない変成器とともに検査を受ける場合においては、その変成器について省令で定める事項を記載した書面を提出したときは、検査申請の際に変成器の添付が不要です。
※　経済産業省令で定める期間
　　　検定規則第4条（特定計量器等の提出）第5項　→　14年
※　経済産業省令で定める事項を記載した書面
　　　検定規則第4条（特定計量器等の提出）第6項　→　様式5
　　　第1号　変流器、変圧器（コンデンサ型変圧器にあっては、その旨）又

　　　は変圧変流器の別

第2号　型の記号及び製造番号（器物番号を含む。以下同じ。）

第3号　変流器にあっては、定格電流及び最高電圧

第4号　変圧器にあっては、定格電圧（三相四線式のものにあっては、相電圧の定格値）

第5号　変圧変流器にあっては、前二号に掲げる事項

第6号　定格周波数、定格負担及び使用負担の範囲

第7号　合番号

第8号　合番号に表示された日

（合格条件及び合番号）

第七十四条　経済産業大臣、日本電気計器検定所又は指定検定機関は、経済産業省令で定める方法により変成器付電気計器検査を行い、電気計器及びこれとともに使用される変成器が次の各号（前条第二項ただし書の規定により変成器が添えられていない場合にあっては、第二号）に適合するときは、合格とする。

　　一　変成器の構造及び誤差が経済産業省令で定める技術上の基準に適合すること。

　　二　電気計器が当該変成器とともに使用される場合の誤差が経済産業省令で定める公差を超えないこと。

2　前条第二項ただし書に規定する場合を除くほか、変成器付電気計器検査に合格した電気計器及びこれとともに使用する変成器には、経済産業省令で定めるところにより、合番号を付する。この場合において、変成器に付する合番号には、変成器付電気計器検査を行った日を表示するものとする。

3　前条第二項ただし書に規定する場合においては、変成器付電気計器検査に合格した電気計器には、経済産業省令で定めるところにより、当該変成器に付されている合番号と同一の合番号を付する。

4　変成器付電気計器検査に合格しなかった電気計器又はこれとともに使用する変成器に前二項の合番号が付されているときは、これを除去する。

【第74条解説】

　第1項は、変成器付電気計器検査の合格条件を定めたものです。検定規則第21条第3項で定めるところにより検査を行い、

変成器が添付されている場合は当該変成器の構造及び誤差が検
定規則第 21 条第 1 項に適合すること、変成器が添付されてい
ないときは当該電気計器が組み合わせて使用される変成器とと
もに使用される場合の誤差が検定規則第 21 条第 2 項で定める
公差を超えないことを定めたものです。

　第 2 項は検査に合格した電気計器と組み合わせて使用する変
成器には、検定規則第 27 条で定めるところにより、合番号を
付すことを定めたものです。この場合の変成器に付す合番号に
は、変成器付電気計器検査を行った日を表示します。

　第 3 項は、法第 73 条第 2 項のただし書（検査の際に変成器
が添付されなかった場合）においては、検査に合格した電気計
器に当該変成器に付されている合番号と同一の合番号を付すこ
とを定めたものです。

　第 4 項は、検査に合格しなかった電気計器及び変成器に合番
号が付されているときは除去することを定めたものです。

（装置検査）
第七十五条　車両等装置用計量器について装置検査を受けよ
　　うとする者は、政令で定める区分に従い、経済産業大臣、
　　都道府県知事又は指定検定機関に申請書を提出しなければ
　　ならない。
　2　経済産業大臣、都道府県知事又は指定検定機関は、経
　　　済産業省令で定める方法により装置検査を行い、車両等
　　　装置用計量器が経済産業省令で定める技術上の基準に適
　　　合するときは合格とし、経済産業省令で定めるところに
　　　より、装置検査証印を付する。
　3　装置検査証印の有効期間は、車両等装置用計量器ごと
　　　に政令で定める期間とし、その満了の年月を装置検査証
　　　印に表示するものとする。
　4　装置検査に合格しなかった車両等装置用計量器に装置
　　　検査証印が付されているときは、これを除去する。

【第 75 条解説】
　第 1 項は、装置検査の申請先を定めたものです。施行令第

20 条により、申請先は所在地を管轄する都道府県となっています（車両等装置用計量器及び装置検査の定義については、法第 16 条（使用の制限）第 3 項を参照）。

第 2 項は、装置検査に関する技術上の基準及びその検査方法を定め合格したときには、装置検査証印を付すことを定めたものです。形状は、右図のとおりです。

第 3 項は、装置検査証印の有効期間の表示について、満了の年月を付すことを定めたものです。なお、装置検査証印の有効期間は、1 年です。表記方法は検定規則第 28 条第 3 項で以下のとおり定められています。

様式 1　　2017　　様式 2　　2017.11　　様式 3　　2017　　11

　　　　　　　11

※ 2017 は西暦年数、11 は月を表しています

第 4 項は、装置検査に合格しなかった車両等装置用計量器の装置検査証印を除去することを定めたものです。

■第 2 節　型式の承認

【概要】

第 2 節は、計量器の型式の承認に関して定めたものです。

型式承認制度とは、特定計量器を供給する事業者が事前に当該特定計量器の構造等に関する試験を受け、省令で定める基準に適合するものとして、その型式を承認する制度です。その試験に合格した計量器の型式に型式承認番号を付与することができるものとし、型式承認番号の付されている特定計量器については、検定に際して構造適合性の検査を省略することができる制度です。

なお、型式承認は、特定計量器の構造の複雑化や高度の技術化に対応するために導入された合理的な制度で、原則、すべての検定対象の特定計量器が対象となります。

（製造事業者に係る型式の承認）

第七十六条　届出製造事業者は、その製造する特定計量器の型式について、政令で定める区分に従い、経済産業大臣又は日本電気計器検定所の承認を受けることができる。

　2　前項の承認を受けようとする者は、次の事項を記載した申請書を経済産業大臣又は日本電気計器検定所に提出しなければならない。

　一　氏名又は名称及び住所並びに法人にあっては、その代表者の氏名

　二　第四十条第一項の経済産業省令で定める事業の区分

　三　当該特定計量器を製造する工場又は事業場の名称及び所在地

　四　第四十条第一項の規定による届出の年月日

　3　前項の申請書には、経済産業省令で定めるところにより、試験用の特定計量器及び構造図その他の書類を添えなければならない。ただし、第七十八条第一項の試験に合格した特定計量器の型式について第一項の承認を受けようとする場合において、当該試験に合格したことを証する書面を添えたときは、この限りでない。

【第76条解説】

　第1項は、型式承認の主体は、その製造する特定計量器の型式について、施行令第22条で定める区分に従い、経済産業大臣又は日本電気計器検定所が行うことを規定したものです。

　施行令第22条（型式の承認を行う者）の別表第4では、第1号のタクシーメーターから第16号の浮ひょう型比重計に関する型式の承認の主体が規定されており、第9号から第11号までの特定計量器については日本電気計器検定所が行い、その他の特定計量器については国立研究開発法人産業技術総合研究所が行うことが定められています。

　なお、日本電気計器検定所が天災その他の事由によって当該承認業務を実施できないときは、国立研究開発法人産業技術総合研究所が行うことが定められています。

　第2項は、型式の承認の申請に必要な記載事項を定めたものです。

　第3項は、型式承認の申請に際して、試験用の特定計量器及び構造図その他の書類を添えなければならないことを規定しています。ただし、法第78条第1項（指定検定機関の試験）に合格し、型式試験合格証とともに申請する場合は、試験用の特定計量器等の提出は不要です。

（承認の基準）

第七十七条　第八十八条（第八十九条第四項において準用する場合を含む。）又は第八十九条第五項の規定により承認を取り消され、その取消しの日から一年を経過しない者は、前条第一項の承認を受けることができない。

　2　経済産業大臣又は日本電気計器検定所は、前条第一項の承認の申請に係る特定計量器の構造が第七十一条第一項第一号の経済産業省令で定める技術上の基準に適合するときは、その承認をしなければならない。

【第77条解説】

　第1項は、承認の条件として、承認の取消しの処分を受けてから1年を経過しない者は、承認を受けることができないことを規定しています。

　第2項は、特定計量器の承認基準として省令で定める技術上の基準（構造）に適合するときに、承認をしなければならないことを規定しています。

（指定検定機関の試験）

第七十八条　届出製造事業者は、第七十六条第一項の承認を受けようとする型式の特定計量器について、当該特定計量器の検定を行う指定検定機関の行う試験を受けることができる。

　2　前項の試験を受けようとする届出製造事業者は、経済産業省令で定めるところにより、試験用の特定計量器及び構造図その他の書類を当該指定検定機関に提出しなければならない。

　3　第一項の試験においては、その試験用の特定計量器の構造が第七十一条第一項第一号の経済産業省令で定める技術上の基準に適合するときは、合格とする。

【第78条解説】

型式承認は、実質的な試験（型式試験）とそれ以外（承認のみの行為）に分けられ、前者については法第78条第1項（指定検定機関による試験）をもって代えることができることを第1項で規定したものです。

第2項は、第1項の指定検定機関の試験を受けるとき、検定規則第31条（指定検定機関の試験の申請等）で定めるところによることを規定しています。

第3項は、試験の合格条件は型式承認の承認基準と同様であることを規定しています。

（変更の届出等）

第七十九条　第七十六条第一項の承認を受けた届出製造事業者（以下「承認製造事業者」という。）は、同条第二項第一号又は第三号の事項に変更があったときは、遅滞なく、その旨を経済産業大臣又は日本電気計器検定所に届け出なければならない。

　2　第六十一条及び第六十二条第二項の規定は、承認製造事業者に準用する。この場合において、第六十一条中「前条第一項」とあるのは「第七十七条第一項」と、同項中「前項」とあるのは　「第七十九条第一項」と読み替えるものとする。

【第79条解説】

第1項は、承認製造事業者の名称や所在地等に変更があった場合、承認の主体（経済産業大臣又は日本電気計器検定所）に届け出なければならないことを規定したものです。

第2項は、法第61条（承継）及び法第62条第2項（変更の届出等）の規定は承認製造事業者に準用することを規定したものです。

（承認製造事業者に係る基準適合義務）

第八十条　承認製造事業者は、その承認に係る型式に属する特定計量器を製造するときは、当該特定計量器が第七十一

条第一項第一号の経済産業省令で定める技術上の基準（同
条第二項の経済産業省令で定めるものを除く。以下「製造
技術基準」という。）に適合するようにしなければならない。
ただし、輸出のため当該特定計量器を製造する場合におい
てあらかじめ都道府県知事に届け出たとき、及び試験的に
当該特定計量器を製造する場合は、この限りでない。

【第80条解説】

　承認製造事業者は、その承認に係る型式に属する特定計量器
を製造するときに法第71条（合格条件）のうち、構造につい
ての技術上の基準（これを、製造技術基準といいます）に適合
するようにしなければならないとされています。ただし、輸出
のために製造する場合であらかじめ知事に届け出たとき及び試
験的に製造する場合は、除外されることを規定したものです。

（輸入事業者に係る型式の承認等）
第八十一条　特定計量器の輸入の事業を行う者（以下「輸入
　　事業者」という。）は、その輸入する特定計量器の型式に
　　ついて、第七十六条第一項の政令で定める区分に従い、経
　　済産業大臣又は日本電気計器検定所の承認を受けることが
　　できる。
　2　第七十六条第二項（第二号及び第四号を除く。）及び
　　第三項、第七十七条並びに第七十八条の規定は、前項の
　　承認に準用する。この場合において、第七十六条第二項
　　第三号中「製造する工場又は事業場の名称及び所在地」
　　とあるのは、「製造する者の氏名又は名称及び住所」と
　　読み替えるものとする。
　3　第六十一条、第六十二条第二項及び第七十九条第一項
　　の規定は、第一項の承認を受けた輸入事業者（以下「承
　　認輸入事業者」という。）に準用する。この場合において、
　　第六十一条中「前条第一項」とあるのは「第七十七条第
　　一項」と、第六十二条第二項中「前項」とあるのは「第
　　八十一条第三項において準用する第七十九条第一項」と
　　読み替えるものとする。

【第81条解説】

　第1項は、輸入事業者についても届出製造事業者と同様にそ

の輸入する特定計量器の型式について、経済産業大臣又は日本
電気計器検定所の承認を受けることができることを定めたもの
です。

　第2項は、法第76条（製造事業者に係る型式の承認）、法第
77条（承認の基準）、法第78条（指定検定機関の試験）の規
定を第1項の承認に準用することを規定しています。
　第3項は、承継及び変更の届出等について、承認輸入事業者
に準用することを規定しています。

（承認輸入事業者に係る基準適合義務）
第八十二条　承認輸入事業者は、その承認に係る型式に属す
　　る特定計量器を販売するときは、製造技術基準に適合する
　　ものを販売しなければならない。ただし、輸出のため当該
　　特定計量器を販売する場合において、あらかじめ、都道府
　　県知事に届け出たときは、この限りでない。

【第82条解説】
　承認輸入事業者は、その承認に係る型式に属する特定計量器
を販売するとき、製造技術基準に適合したものを販売しなけれ
ばならないことを定めたものです。ただし、輸出のため販売す
る場合であらかじめ知事に届け出たときは、除外されることに
ついても定められています。

（承認の有効期間等）
第八十三条　第七十六条第一項及び第八十一条第一項の承認
　　は、特定計量器ごとに政令で定める期間ごとにその更新を
　　受けなければ、その期間の経過によって、その効力を失う。
　　2　前項の承認の更新の申請に関し必要な手続的事項は、
　　経済産業省令で定める。

【第83条解説】
　第1項は、型式の承認が特定計量器ごとに施行令第23条（型
式の承認の有効期間）で定める期間ごとに更新を定めたもので
す。なお、その期間は10年と定められており、当該期間を経
過したときは効力を失うことになります。

　第2項は、承認の更新の申請に関する手続事項を定めたものです。具体的な事項は、検定規則第33条（承認の更新）で規定されています。

（表示）

第八十四条　承認製造事業者又は承認輸入事業者は、その承認に係る型式に属する特定計量器（第八十条ただし書又は第八十二条ただし書の規定の適用を受けて製造され、又は販売されるものを除く。）を製造し、又は輸入したときは、経済産業省令で定めるところにより、これに表示を付することができる。

　2　第五十条第一項の政令で定める特定計量器に付する前項の表示には、その表示を付した年を表示するものとする。

　3　何人も、第一項（第八十九条第四項において準用する場合を含む。）に規定する場合を除くほか、特定計量器に第一項の表示又はこれと紛らわしい表示を付してはならない。

【第84条解説】

　第1項及び第2項は、型式承認表示及び年月の表示に関する規定です。本体の見やすい箇所に、明瞭に次に示す様式のいずれかにより付します。

検定規則第35条（型式承認表示等）

様式一　型式承認第1号	様式四　型承1号 2017
様式二　型承1号	様式五　型式承認第1号
	2017
様式三　型式承認第1号 2017	様式六　型承1号
	2017

※　様式三から六までの右又は下の数字は西暦年を表します。

　第3項は、どのような人であっても第1項で規定する場合以外では、特定計量器に型式承認の表示又は紛らわしい表示を付してはならないことを規定したものです。

（表示の除去）

第八十五条　輸入事業者は、前条第一項（第八十九条第四項において準用する場合を含む。）の規定により表示が付されている場合を除くほか、前条第一項の表示又はこれと紛らわしい表示が付されている特定計量器を輸入したときは、これを譲渡し、若しくは貸し渡し、又はこれについて検定を受ける時までにその表示を除去しなければならない。

【第 85 条解説】

　輸入事業者は、承認輸入事業者又は承認製造事業者（承認外国製造事業者を含む）が法第 84 条の規定により表示が付されている場合を除くほか、特定計量器に型式承認の表示又は紛らわしい表示が付された特定計量器を輸入したときに、これを譲渡し若しくは貸し渡し、又は検定を受けるときまでにその表示を除去しなければならないことを規定したものです。

（改善命令）

第八十六条　経済産業大臣は、承認製造事業者又は承認輸入事業者が第八十条又は第八十二条の規定に違反していると認めるときは、その者に対し、その製造し、又は輸入する特定計量器が製造技術基準に適合するために必要な措置をとるべきことを命ずることができる。

【第 86 条解説】

　経済産業大臣は、承認製造事業者又は承認輸入事業者が法第 80 条（承認製造事業者に係る基準適合義務）又は法第 82 条（承認輸入事業者に係る基準適合義務）の規定に違反していると認めるときは、その事業者に対して必要な措置をとるべきことを命ずることができることを規定したものです。

（承認の失効）

第八十七条　承認製造事業者がその届出に係る特定計量器の製造の事業を廃止したとき、又は承認輸入事業者が特定計量器の輸入の事業を廃止したときは、その承認は効力を失う。

【第87条解説】

　承認製造事業者又は承認輸入事業者がそれぞれの事業を廃止したときには、その承認は効力を失うことを規定したものです。

（承認の取消し）

第八十八条　経済産業大臣は、承認製造事業者又は承認輸入事業者が次の各号の一に該当するときは、その承認を取り消すことができる。

　一　第七十九条第一項（第八十一条第三項において準用する場合を含む。）又は第八十四条第三項の規定に違反したとき。

　二　第四十四条又は第八十六条の規定による命令に違反したとき。

　三　不正の手段により第七十六条第一項又は第八十一条第一項の承認を受けたとき。

【第88条解説】

　第1号は、承認製造事業者又は承認輸入事業者が法第79条第1項（変更の届出等）、法第84条第3項（型式承認表示）に違反した場合は、その承認を取り消すことができることを規定したものです。

　第2号は、承認製造事業者又は承認輸入事業者が法第44条又は第86条（改善命令）に違反したときは、その承認を取り消すことができることを規定したものです。

　第3号は、不正の手段により、法第76条（製造事業者による型式の承認）第1項、法第81条（輸入事業者による型式の承認等）第1項の承認を受けたときは、その型式を取り消すことができることを規定したものです。

（外国製造事業者に係る型式の承認等）

第八十九条　外国において本邦に輸出される特定計量器の製造の事業を行う者（以下「外国製造事業者」という。）は、その特定計量器の型式について、第七十六条第一項の政令で定める区分に従い、経済産業大臣又は日本電気計器検定所の承認を受けることができる。

　2　前項の承認を受けた外国製造事業者（以下「承認外国製造事業者」という。）は、その承認に係る型式に属す

る特定計量器で本邦に輸出されるものを製造するとき
は、当該特定計量器が製造技術基準に適合するようにし
なければならない。

3　第七十六条第二項（第二号及び第四号を除く。）及び
　第三項、第七十七条、第七十八条並びに第八十三条の規
　定は、第一項の承認に準用する。

4　第六十一条、第六十二条第二項、第七十九条第一項、
　第八十四条第一項及び第三項並びに前三条の規定は、承
　認外国製造事業者に準用する。この場合において、第
　六十一条中「前条第一項」とあるのは「第八十九条第三
　項において準用する第七十七条第一項」と、第六十二条
　第二項中「前項」とあるのは「第八十九条第四項におい
　て準用する第七十九条第一項」と、第八十四条第三項中
　「何人も」とあるのは「承認外国製造事業者は」と、「特
　定計量器」とあるのは「本邦に輸出される特定計量器」と、
　第八十六条中「第八十条又は第八十二条」とあるのは「第
　八十九条第二項」と、「命ずる」とあるのは「請求する」
　と、前条第二号中「命令に違反したとき」とあるのは「請
　求に応じなかったとき」と読み替えるものとする。

5　経済産業大臣は、前項において準用する前条の規定に
　よるもののほか、承認外国製造事業者が次の各号の一に
　該当するときは、その承認を取り消すことができる。

　一　経済産業大臣が、この法律の施行に必要な限度にお
　　いて、政令で定めるところにより、承認外国製造事業
　　者に対し報告を求めた場合において、その報告がされ
　　ず、又は虚偽の報告がされたとき。

　二　経済産業大臣が、この法律の施行に必要な限度にお
　　いて、その職員に、承認外国製造事業者の工場、事業
　　場、営業所、事務所又は倉庫において、特定計量器、
　　帳簿、書類その他の物件について検査させ、又は関係
　　人に質問させようとした場合において、その検査が拒
　　まれ、妨げられ、若しくは忌避され、又はその質問に
　　対して答弁がされず、若しくは虚偽の答弁がされたと
　　き。

　三　前号の規定による検査において、経済産業大臣が、
　　承認外国製造事業者に対し、その所在の場所において
　　職員に検査させることが著しく困難であると認められ

　　る特定計量器を期限を定めて提出すべきことを請求し
　　た場合において、その請求に応じなかったとき。
　6　国は、前項第三号の規定による請求によって生じた損
　　失を承認外国製造事業者に対し補償しなければならな
　　い。この場合において、補償すべき損失は、同号の規定
　　による請求により通常生ずべき損失とする。

【第89条解説】

　第1項は、外国においてわが国に輸出される特定計量器の製
造の事業を行う者を外国製造事業者と定義し、外国製造事業者
がその輸入又は製造する特定計量器の型式について、経済産業
大臣又は日本電気計器検定所の承認を受けることができること
を規定したものです。

　第2項は、第1項の承認を受けた外国製造事業者を承認外国
製造事業者と定義し、わが国に輸出される当該特定計量器を製
造するとき、技術基準に適合するように製造しなければならな
いことを規定したものです。

　第3項は、外国製造事業者の型式の承認に係る準用規定を定
めたものです。法第76条第2項（承認の申請）、法第76条第
3項（試験用特定計量器の添付等）、法第77条（承認の基準）、
法第78条（指定検定機関の試験）、法第83条（承認の有効期
間等）は、第1項で規定する承認に準用しています。

　第4項は、承認外国製造事業者に係る準用規定を定めたもの
です。法第61条（継承）、法第62条第2項（変更の届出等）、
法第79条第1項（変更の届出等）、法第84条第1項及び第3
項（承認表示）、法第86条（改善命令）、法第87条（承認の失
効）及び法第88条（承認の取消し）の規定は、承認外国製造
事業者に準用しています。

　第5項は、第4項において準用する法88条（承認の取消し）
の規定によるほか、下記の第1号から第3号に該当するときは、
承認を取り消すことができることを定めています。
　第1号　施行令第39条3項（報告の徴収）に対し、報告せ
ず又は虚偽の報告がされたとき。

　第2号　立入検査において、検査拒否等や虚偽の答弁がされ
たとき

　第3号　第2号において特定計量器の提出の請求に対して応
じなかっとき

　第6項は、第5項第3号の規定による請求によって生じた損
失について、国は承認外国製造事業者に対し補償しなければな
らないことを規定したものです。

■第3節　指定製造事業者

【概要】

　指定製造事業者制度は、検定の効率的な運用を図ることを目
的としたものです。優れた品質管理能力を有する製造事業者に
対して経済産業大臣が、事業の区分に従って工場又は事業場ご
とに指定を行い、その指定を受けた特定計量器については、検
定規則で定める技術基準に基づく自主検査を行うことで、検定
に代えることができる制度です。

　なお、指定製造事業者は、検定証印と同等の法的効果を有す
る一定の表示（基準適合証印）を付すことができます。

> （指定）
> 第九十条　第十六条第一項第二号ロの指定は、届出製造事業
> 　　者又は外国製造事業者の申請により、第四十条第一項の経
> 　　済産業省令で定める事業の区分（次条第一項において単に
> 　　「事業の区分」という。）に従い、その工場又は事業場ごと
> 　　に行う。

【第90条解説】

　法第16条第1項第2号ロ（指定製造事業者）の指定は、届
出製造事業者又は外国製造事業者の申請により、法第40条（事
業の届出）第1項で定める区分（法第40条第1項、施行規則
第5条、別表第1）に従い、工場又は事業場ごとに経済産業大
臣が行うことを定めています。

　施行規則第5条、別表第1では、第1号のタクシーメーター

を製造する事業（事業の区分の略称はタクシーメーター）を含めて46区分が規定されています。

（届出製造事業者に係る指定の申請）
第九十一条　第十六条第一項第二号ロの指定を受けようとする届出製造事業者は、次の事項を記載した申請書を、経済産業大臣に提出しなければならない。
　　一　氏名又は名称及び住所並びに法人にあっては、その代表者の氏名
　　二　事業の区分
　　三　工場又は事業場の名称及び所在地
　　四　第四十条第一項の規定による届出の年月日
　　五　品質管理の方法に関する事項（経済産業省令で定めるものに限る。）
　2　前項の規定により申請をした届出製造事業者は、当該工場又は事業場における品質管理の方法について、政令で定める区分に従い、都道府県知事又は日本電気計器検定所が行う検査を受けなければならない。ただし、同項の申請書に第九十三条第二項の書面を添えたときは、この限りでない。
　3　前項の規定により検査を行った都道府県知事又は日本電気計器検定所は、経済産業省令で定めるところにより、当該検査の結果を経済産業大臣に報告しなければならない。

【第91条解説】
　第1項では、指定の申請には第1号から第5号に規定する事項を記載した申請書を、電気計器にあっては経済産業局長を経由して、その他の特定計量器にあっては都道府県知事を経由して経済産業大臣へ提出しなければならないことを定めています（指定製造事業者の指定等に関する省令：平成5年通商産業省令第77号）。

　第2項は、指定製造事業者の指定の申請をした届出製造事業者が当該工場又は事業場における品質管理の方法について、施行令第24条（指定製造事業者の指定に係る検査を行う者）で定める区分に従い、都道府県知事又は日本電気計器検定所が行

う検査を受けなければならないことを規定したものです。ただし、法第93条（指定検定機関の調査）第1項で規定する指定検定機関の行う調査を受け、品質管理の方法が省令で定める基準に適合すると認める旨を示す書面を添えたときは、検査が除外されることを規定したものです。

　第3項は、検査結果について、経済産業大臣への報告義務を規定したものです。

（指定の基準）
第九十二条　次の各号の一に該当する届出製造事業者は、第十六条第一項第二号ロの指定を受けることができない。
　　一　この法律又はこの法律に基づく命令の規定に違反し、罰金以上の刑に処せられ、その執行を終わり、又は執行を受けることがなくなった日から二年を経過しない者
　　二　第九十九条の規定により指定を取り消され、その取消しの日から二年を経過しない者
　　三　法人であって、その業務を行う役員のうちに前二号の一に該当する者があるもの
　2　経済産業大臣は、第十六条第一項第二号ロの指定の申請に係る工場又は事業場における品質管理の方法が経済産業省令で定める基準に適合すると認めるときでなければ、その指定をしてはならない。

【第92条解説】

　第1項は、指定の欠格事項を規定したものです。

　第2項は、指定の基準を規定したものです。具体的には、「指定製造事業者の指定等に関する省令（平成5年通商産業省令第77号）に基づく品質管理の方法の細目」（平成6年制定）として公示されています。

（指定検定機関の調査）
第九十三条　届出製造事業者は、第十六条第一項第二号ロの指定の申請に係る工場又は事業場における品質管理の方法について、当該特定計量器の検定を行う指定検定機関の行

　　う調査を受けることができる。
　　2　指定検定機関は、前項の調査をした工場又は事業場に
　　おける品質管理の方法が前条第二項の経済産業省令で定
　　める基準に適合すると認めるときは、その旨を示す書面
　　を交付するものとする。

【第93条解説】

　第1項は、都道府県知事による検査に代えて、指定検定機関
の行う調査を受けることができることを規定したものです。

　第2項は、指定検定機関が品質管理能力の要件に適合する場
合に、その旨を示す書面を交付することを規定したものです。

（変更の届出等）
第九十四条　第十六条第一項第二号ロの指定を受けた届出製
　　造事業者（以下「指定製造事業者」という。）は、第
　　九十一条第一項第五号の事項に変更があったときは、遅滞
　　なく、その旨を経済産業大臣に届け出なければならない。
　　2　第六十一条及び第六十二条第二項の規定は、指定製造
　　事業者に準用する。この場合において、第六十一条中「前
　　条第一項」とあるのは「第九十二条第一項」と、同項中
　　「前項」とあるのは「第九十四条第一項」と読み替える
　　ものとする。

【第94条解説】

　第1項は、指定製造事業者が法第91条第1項第5号（品質
管理の方法に関する事項）に変更があった場合、遅滞なく、そ
の旨を届け出なければならないことを規定しています。

　第2項は、法第61条（承継）及び法第62条第2項（承継の
事実を証する書面の提出）は、指定製造事業者に準用すること
を規定しています。

（基準適合義務等）
第九十五条　指定製造事業者は、その指定に係る工場又は事
　　業場において、第七十六条第一項の承認に係る型式に属す
　　る特定計量器を製造するときは、当該特定計量器が第

七十一条第一項第一号の経済産業省令で定める技術上の基準であって同条第二項の経済産業省令で定めるものに適合し、かつ、その器差が同条第一項第二号の経済産業省令で定める検定公差を超えないようにしなければならない。ただし、輸出のため当該特定計量器を製造する場合においてあらかじめ都道府県知事に届け出たとき、及び試験的に当該特定計量器を製造する場合は、この限りでない。

2　指定製造事業者は、経済産業省令で定めるところにより、その指定に係る工場又は事業場において製造する第七十六条第一項の承認に係る型式に属する特定計量器（前項ただし書の規定の適用を受けて製造されるものを除く。）について、検査を行い、その検査記録を作成し、これを保存しなければならない。

【第95条解説】

　指定製造事業者は、その指定を受けた工場又は事業場において、法第76条第1項（製造事業者に係る型式承認）の承認に係る型式に属する特定計量器を製造するときは、その構造が法第71条（合格条件）第1項1号の省令で定める技術上の基準に適合し、同条第1項第2号の規定に基づき器差が検定公差を超えないことを規定しています。ただし、輸出目的の製造であってあらかじめ都道府県知事に届け出たときと試験的に製造する場合には除外されます。

　指定製造事業者は、省令（指定製造省令7条）で定めるところにより、その指定を受けた工場又は事業場において製造する特定計量器について、検査を行い、その検査記録を作成及び保存しなければならないことを第2項で規定しています。

（表示）
第九十六条　指定製造事業者は、その指定に係る工場又は事業場において、第七十六条第一項の承認に係る型式に属する特定計量器（前条第一項ただし書の規定の適用を受けて製造されるものを除く。）を製造したときは、経済産業省令で定めるところにより、これに表示を付することができる。

2　第七十二条第二項の政令で定める特定計量器に付する

　　前項の表示の有効期間は、同条第二項の政令で定める期
　　間とし、その満了の年月をその表示に表示するものとす
　　る。
　3　第十九条第一項又は第百十六条第一項の政令で定める
　　特定計量器に付する第一項の表示には、その表示を付し
　　た年月を表示するものとする。

【第96条解説】

　第1項は、基準適合証印の表示は、指定製造
事業者の指定等に関する省令第8条に定めると
ころにより、表示を付すことができることを規
定しています。その形状は、右図のとおりです。

　第2項では、検定の有効期間のある特定計量器に付する基準
適合証印の有効期間は、施行令第18条で定める期間とし、そ
の満了の年月を表示することを規定したものです。

　第3項は、定期検査対象の特定計量器と計量証明検査に使用
する特定計量器であって政令で定める期間ごとに検査を受けな
ければならない特定計量器には、基準適合証印を付した年月を
表示することを規定したものです。

　（表示の制限）
第九十七条　何人も、前条第一項（第百一条第三項において
　　準用する場合を含む。）に規定する場合を除くほか、特定
　　計量器に前条第一項の表示又はこれと紛らわしい表示を付
　　してはならない。
　2　輸入事業者は、前条第一項（第百一条第三項において
　　準用する場合を含む。）の規定により表示が付されてい
　　る場合を除くほか、前条第一項の表示又はこれと紛らわ
　　しい表示が付されている特定計量器を輸入したときは、
　　これを譲渡し、又は貸し渡す時までにその表示を除去し
　　なければならない。

【第97条解説】

　第1項は、基準適合証印を付す場合以外は、何人も特定計量
器に基準適合証印と紛らわしい表示を付してはならいことを規

定したものです。

　第2項は、輸入事業者について、基準適合証印又はこれと紛らわしい表示が付された特定計量器を輸入したときは、これを譲渡し、貸し渡すときまでにその表示を除去しなければならないことを規定したものです。

（改善命令）
第九十八条　経済産業大臣は、次の場合には、指定製造事業者に対し、当該特定計量器の検査のための器具、機械又は装置の改善、品質管理の業務の改善その他の必要な措置をとるべきことを命ずることができる。
　一　当該指定に係る工場又は事業場における品質管理の方法が第九十二条第二項の経済産業省令で定める基準に適合していないと認めるとき。
　二　第九十五条第一項の規定に違反していると認めるとき。

【第98条解説】
　指定製造事業者に対する改善命令を規定したものです。
　第1号は、品質管理の方法が法第92条（指定の基準）第2項の経済産業省令で定める基準に適合していないと認めるときです。具体的には、指定製造事業者の指定等に関する省令第3条で定める基準に適合していないときが該当します。
　第2号は、法第95条（基準適合義務等）第1項に違反していると認めるときで、第1号と同様の省令の第7条が該当します。

（指定の取消し）
第九十九条　経済産業大臣は、指定製造事業者が次の各号の一に該当するときは、その指定を取り消すことができる。
　一　第八十四条第三項、第九十四条第一項、第九十五条第二項又は第九十七条第一項の規定に違反したとき。
　二　第九十二条第一項第一号又は第三号に該当するに至ったとき。
　三　第八十六条又は前条の規定による命令に違反したとき。
　四　不正の手段により第十六条第一項第二号ロの指定を受

けたとき。

【第99条解説】

　指定製造事業者の指定の取消しとなるケースを規定したものです。

　第1号は、法第84条第3項（型式の承認に係る類似表示等の禁止）、法第94条第1項（品質管理の方法に関する事項の変更の届出等）、法第95条第2項（製造する特定計量器の検査・検査記録の保存）、法第97条第1項（表示の制限）に違反したとき

　第2号は、法第92条第1項第1号又は第3号（指定の欠格事項）に該当するとき

　第3号は、法第86条又は第98条(改善命令)に違反したとき

　第4号は、不正の手段により、指定を受けたとき

（準用）

第百条　第四十条第二項の規定は第九十一条第一項の申請書の提出及び第九十四条第一項の規定による届出に、第六十六条の規定は指定製造事業者に準用する。

【第100条解説】

　法第40条第2項（製造事業の届出について、電気計器以外の特定計量器は都道府県経由での提出を行うこと）の規定は、法第91条第1項（指定申請）及び法第94条第1項（指定申請書記載事項変更の届出）に準用し、法第66条（指定の失効）の規定は指定製造事業者に準用することを規定したものです。

（外国製造事業者に係る指定等）

第百一条　第十六条第一項第二号ロの指定を受けようとする外国製造事業者は、第九十一条第一項第一号から第三号まで及び第五号の事項を記載した申請書を経済産業大臣に提出しなければならない。

　2　第十六条第一項第二号ロの指定を受けた外国製造事業者（以下「指定外国製造事業者」という。）は、その指定に係る工場又は事業場において、第八十九条第一項の承認を受けた型式に属する特定計量器で本邦に輸出されるものを製造するときは、当該特定計量器が第七十一条

第一項第一号の経済産業省令で定める技術上の基準であって同条第二項の経済産業省令で定めるものに適合し、かつ、その器差が同条第一項第二号の経済産業省令で定める検定公差を超えないようにしなければならない。

3　第九十二条の規定は第一項の規定による申請に係る第十六条第一項第二号ロの指定に、第六十一条、第六十二条、第六十五条、第六十六条、第八十九条第五項及び第六項、第九十四条第一項、第九十五条第二項、第九十六条第一項、第九十七条第一項、第九十八条並びに第九十九条の規定は指定外国製造事業者に準用する。この場合において、第六十一条中「前条第一項」とあるのは「第百一条第三項において準用する第九十二条第一項」と、第六十二条第一項中「第五十九条各号」とあるのは「第九十一条第一項第一号から第三号まで」と、第八十九条第五項中「前項において準用する前条」とあるのは「第百一条第三項において準用する第九十九条」と、第九十五条第二項中「第七十六条第一項の承認に係る型式に属する特定計量器（前項ただし書の規定の適用を受けて製造されるものを除く。）」とあり、及び第九十六条第一項中「第七十六条第一項の承認に係る型式に属する特定計量器（前条第一項ただし書の規定の適用を受けて製造されるものを除く。）」とあるのは「第八十九条第一項の承認に係る型式に属する特定計量器で本邦に輸出されるもの」と、第九十七条第一項中「何人も」とあるのは「指定外国製造事業者は」と、「特定計量器」とあるのは「特定計量器で本邦に輸出されるもの」と、第九十八条中「命ずる」とあるのは「請求する」と、同条第二号中「第九十五条第一項」とあるのは「第百一条第二項」と、第九十九条第一号中「第八十四条第三項」とあるのは「第八十九条第四項において準用する第八十四条第三項」と、同条第三号中「第八十六条」とあるのは「第八十九条第四項において準用する第八十六条」と、「命令に違反したとき」とあるのは「請求に応じなかったとき」と読み替えるものとする。

【第101条解説】

外国製造事業者に係る指定について規定したものです。

外国製造事業者についても指定製造事業者の指定を受けることができます。

第1項は、法第91条第1項のうち第1号（氏名又は名称及び住所並びに法人にあっては、その代表者の氏名）、第2号（事業の区分）、第3号（工場又は事業場の名称及び所在地）及び第5号（品質管理の方法に関する事項（経済産業省令で定めるものに限る））を記載した申請書を直接、経済産業大臣に提出しなければならないことを規定したものです（外国製造事業者の申請）。

第2項は、指定外国製造事業者が型式の承認を受けた特定計量器をわが国に輸出する場合、検定の合格条件である法71条第1項第1号（構造検定の基準）に適合し、及び第2号（器差が検定公差を超えない）に適合するようにしなければならないことを規定したものです。

第3項は、指定外国製造事業者の指定及び指定外国製造事業者の準用に関する規定です。法92条（指定の基準）は、法第101条第1項の申請に基づく指定外国製造事業者の指定に準用することを規定したものです。法第61条（承継）、法第62条（変更の届出等）、法第65条（廃止の届出）、法第66条（指定の失効）、法第89条第5項（承認外国製造事業者の承認取消し）、法89条第6項（大臣検査に係る特定計量器の提出に対する補償）、法第94条第1項（指定申請書記載事項変更の届出）、法第95条第2項（検査・記録作成・保存義務）、法第96条第1項（表示）、法第97条第1項（基準適合証印表示及び表示の制限）、法第98条（改善命令）、法第99条（指定の取消し）の規定は、法第92条（指定の基準）に準用することを規定したものです。

■ 第4節　基準器検査

【概要】

基準器検査とは、検定、定期検査その他計量器の検査に用い

られる計量器の検査と定義され、検定等を実施するときには、信頼性が確保及び維持された標準器が必要であることから、計量法で定める基準器検査が行われます。

　ただし、この基準器検査は、検定及び検査等に用いることを主たる目的としていることから、基準器検査を申請できる者は限定されています。

（基準器検査）
第百二条　検定、定期検査その他計量器の検査であって経済産業省令で定めるものに用いる計量器の検査（以下「基準器検査」という。）は、政令で定める区分に従い、経済産業大臣、都道府県知事又は日本電気計器検定所が行う。
　2　基準器検査を行う計量器の種類及びこれを受けることができる者は、経済産業省令で定める。

【第102条解説】
　第1項は、検定、定期検査その他計量器の検査であって基検則第2条で定めるものに用いる計量器の検査を「基準器検査」と定義し、施行令第25条で基準器検査を行う者（実施主体）を規定しています。

　実施主体は、基準器の種類に応じ都道府県知事、日本電気計器検定所又は国立研究開発法人産業技術総合研究所の3機関が定められています。なお、基準器とは、基準器検査に合格した計量器としています。

基検則第2条（基準器を用いる計量器の検査及び基準器検査を受けることができる者）

計量器の検査	基準器検査を受けることができる者
定期検査	都道府県知事、特定市町村の長又は指定定期検査機関
法第43条（検査義務）の規定による届出製造事業者の検査	届出製造事業者
法第47条（検査義務）の規定による届出製造事業者又は届出修理事業者の検査	届出製造事業者又は届出修理事業者
中略	
装置検査	都道府県知事
以下　省略	

基検則第5条（都道府県知事及び日本電気計器検定所が行う基準器検査の種類）

基準器検査を行う者	基準器の種類
都道府県知事	・タクシーメーター装置検査用基準器 ・基準手動天びん又は基準直示天びん （ひょう量が2トン以下であって目量又は感量がひょう量の4000分の1以上のもの） ・基準台手動はかり （ひょう量が5トン以下であって目量又は感量がひょう量の20000分の1以上のもの） ・基準分銅（1級基準分銅、2級基準分銅、3級基準分銅） ・面積基準器 ・基準ガスメーター（20L以下の湿式ガスメーター） ・液体メーター用基準タンク （全量が1000L未満であって最少測定量の200分の1の量による液面の位置の変化が2mm未満のものであって水道メーター、温水メーター又は積算熱量計の検査に用いるもの及び全量が25L以下の液体メーター用基準タンクであって燃料油メーターの検査に用いるもの）
日本電気計器検定所	電気基準器、照度基準器

　第2項は、基準器検査を行う計量器の種類及び基準器検査を受けることのできる者を規定したものです。基準器検査を行う計量器の種類は、基検則第3条で定める物象の状態の量を計るための計量器となっています。具体的には、基検則第4条により長さ基準器、質量基準器を含めて14器種が規定されています。

　基準器検査を受けることのできる者については、計量器の検査に応じて都道府県知事、特定市町村の長等が基検則第2条で規定されています。基準器を用いる検査は、原則、検定等を行う行政機関、その他の検査については基準器が必要とされる者に限定されています。

（基準器検査の合格条件）
第百三条　基準器検査を行った計量器が次の各号に適合するときは、合格とする。
　　一　その構造が経済産業省令で定める技術上の基準に適合すること。
　　二　その器差が経済産業省令で定める基準に適合すること。
　2　前項第一号に適合するかどうかは、経済産業省令で定

める方法により定めるものとする。

　3　第一項第二号に適合するかどうかは、経済産業省令で
　　定める方法により、その計量器について計量器の校正を
　　して定めるものとする。ただし、その計量器に第
　　百四十四条第一項の登録事業者が交付した計量器の校正
　　に係る同項の証明書が添付されているものは、当該証明
　　書により
　　定めることができる。

【第103条解説】

　第1項は、基準器検査の合格条件を規定したものです。

　第1号は、構造が基検則第9条（構造に係る技術上の基準）
で定める技術上の基準に適合すること、第2号で器差が基検則
第15条（器差の基準）で定める基準に適合することを規定し
ています。

　第2項は、構造に係る技術上の基準に適合するかどうかは、
基検則第16条（構造検査の方法）で定める方法とすることを
規定しています。

　第3項は、器差の基準に適合するかどうかは基検則第17条
（器差検査の方法）で定める方法により、その計量器について
計量器の校正をして定めるものとし、法第144条（証明書の交
付）第1項の登録事業者が交付した標章（JCSS）を付した証
明書が添付されているときに当該証明書により定めることがで
きることを規定しています。

（基準器検査証印）
第百四条　基準器検査に合格した計量器（以下「基準器」と
　　いう。）には、経済産業省令で定めるところにより、基準
　　器検査証印を付する。

　2　基準器検査証印の有効期間は、計量器の種類ごとに経
　　済産業省令で定める期間とする。

　3　基準器検査に合格しなかった計量器に基準器検査証印
　　が付されているときは、その基準器検査証印を除去する。

【第104条解説】

第1項は、基準器検査に合格した計量器には基準器検査証印を付すことを規定したものです。基準器検査証印の種類は、基検則第19条（基準器検査証印）で打ち込み印、押し込み印、すり付け印及びはり付け印があり、その形状は右図のとおりです。

第2項は、基準器検査証印の有効期間を定めたものです。

基準器検査証印の有効期間は、基準器の種類に応じて6か月から10年となっています。下表は、基検則第21条で定める基準器検査証印の有効期間です。

基準器の種類	有効期間
一 長さ基準器	
イ 基準巻尺	5年
ロ タクシーメーター装置検査用基準器	4年
二 質量基準器	
イ 鋳鉄製又は軟鋼製の基準分銅	1年
ロ イに掲げる以外の基準分銅（特級基準分銅を除く。）	5年
ハ イ又はロに掲げるもの以外のもの	3年
中略	
十二 濃度基準器及び比重基準器	8年

第3項は、基準器検査に合格しなかったときに、基準器検査証印を除去することを定めたものです。その方法は、基検則第22条（基準器検査証印の除去）で規定する消印（右図）を付します。

（基準器検査成績書）

第百五条 計量器が基準器検査に合格したときは、基準器検査を申請した者に対し、器差、器差の補正の方法及び前条第二項の有効期間を記載した基準器検査成績書を交付する。

2 経済産業省令で定める基準器については、基準器検査成績書にその用途又は使用の方法を記載する。

3 基準器検査を申請した者が基準器検査に合格しなかった計量器に係る基準器検査成績書の交付を受けているときは、その記載に消印を付する。

　4　基準器を譲渡し、又は貸し渡すときは、基準器検査成績書をともにしなければならない。

【第105条解説】

　第1項は、基準器検査成績書には器差、器差の補正の方法及び有効期間を記載して交付することを定めたものです（基準器検査成績書の様式は、基検則第23条、様式第3及び様式第5〜様式第12を参照）。

　第2項は、基検則25条で定める基準器については、用途及び使用方法を記載することを定めたものです。①基準積算体積計、②液体メーター用基準タンクであって、水道メーター、温水メーター、積算熱量計又は燃料油メーターの検定に用いるもの、③基準体積管、④照度基準器が該当します。

　第3項は、不合格になった基準器検査成績書の交付を受けている場合に右図の形状の消印（基検則第27条第2項）を付すことを定めたものです。

　第4項は、基準器を譲渡又は貸し渡すときの制限規定です。

■第5節　指定検定機関

【概要】

　指定検定機関とは、都道府県知事及び電気計器検定所等と並び、特定計量器の検定を行う実施機関として経済産業大臣の指定を受けて検定業務を行う機関です。

　第百六条　第十六条第一項第二号イの指定は、政令で定める区分ごとに、経済産業省令で定めるところにより、検定（変成器付電気計器検査、装置検査、第七十八条第一項（第八十一条第二項及び第八十九条第三項において準用する場合を含む。）の試験及び第九十三条第一項の調査を含む。以下この条において同じ。）を行おうとする者の申請により行う。

　　2　指定検定機関は、検定を行う事業所の所在地を変更し
　　　ようとするときは、変更しようとする日の二週間前まで
　　　に、経済産業大臣に届け出なければならない。
　　3　第二十七条から第三十三条まで及び第三十五条から第
　　　三十八条までの規定は、指定検定機関及び検定に準用す
　　　る。この場合において、これらの規定中「都道府県知事
　　　又は特定市町村の長」とあるのは「経済産業大臣」と、
　　　第二十七条から第二十八条の二まで及び第三十八条第五
　　　号中「第二十条第一項」とあるのは「第十六条第一項第
　　　二号イ」と読み替えるものとする。

【第106条解説】

　第1項は、指定検定機関の指定は、施行令第26条で定める
区分ごとに、検査機関指定等省令※2第9条で定めるところによ
り、検定を行おうとする者の申請により行うことを規定したも
のです。

　施行令第26条（指定検定機関の指定の区分）では、非自動
はかりからガラス電極式水素イオン濃度検出器及びガラス電極
式水素イオン濃度指示計までの22区分が定められています。

　第2項は、指定検定機関の所在地を変更する場合の届出に関
する規定です。

　第3項は、指定検定機関の指定について、法第27条（指定
定期検査機関の欠格事項）、法第28条（指定の基準）、法第28
条の2（指定の更新）、法第29条（定期検査の方法）、法第30
条（業務規程）、法第31条（帳簿の記載）31条）、法第32条（業
務の休廃止）、法第33条（事業計画等）、法第35条（解任命令）、
法第36条（役員及び職員の地位）、第37条（適合命令）、第
38条（指定の取消し等）を準用し、都道府県知事又は特定市
町村の長を経済産業大臣、法第20条第1項（指定定期検査機関）
を法第16条第1項2号イ（指定検定機関）と読み替えて適用
することを定めたものです。

※2　検査機関指定等省令：指定定期検査機関、指定検定機関、指定計量
　　証明検査機関及び特定計量証明認定機関の指定等に関する省令（平成5
　　年通商産業省令第72号）

第 **6** 章

計量証明の事業

【概要】

「計量証明」とは、【法定計量単位により物象の状態の量を計り、その結果に関して、公に又は業務上他人に一定の事実が真実である旨を数値を伴って表明すること（「計量法関係法令の解釈運用等について」　A.１（３））抜粋】と示されています。

計量証明事業は、都道府県の登録が必要な事業です。

次の３種類の事業区分に分かれています（施行規則第38条及び別表第４）。

① 一般計量証明事業者

　　　長さ・質量・面積・体積・熱量

② 環境計量証明事業者

　　　濃度（施行令第29条の２第１号の濃度を除く）

　　　音圧レベル（騒音）、振動レベル

③ 特定計量証明事業者

　　　大気中のダイオキシン類の濃度、水又は土壌中のダイオキシン類の濃度（施行令第29条の２第１号の濃度）

登録には計量証明事業者としての要件（計量士・主任計量者・最低設備・認定（③に限る））を満たしていることが必要です。

第1節　計量証明の事業

【概要】

計量証明事業は、都道府県に登録されて行う計量器を用いた「第三者に対する計量証明」を事業として公に認めるものです。特に社会に与える影響が大きなダイオキシン類の濃度の計量証明事業には、「国（NITE）による認定」が必須となっています。ダイオキシン類を対象とする特定計量証明事業の事業認定及び年度報告の受領並びに立入検査については、国（NITE（製品評価技術基盤機構））によって行われています。

（計量証明の事業の登録）

第百七条　計量証明の事業であって次に掲げるものを行おうとする者は、経済産業省令で定める事業の区分（次条において単に「事業の区分」という。）に従い、その事業所ごとに、その所在地を管轄する都道府県知事の登録を受けな

ければならない。ただし、国若しくは地方公共団体又は独立行政法人通則法（平成十一年法律第百三号）第二条第一項に規定する独立行政法人であって当該計量証明の事業を適正に行う能力を有するものとして政令で定めるものが当該計量証明の事業を行う場合及び政令で定める法律の規定に基づきその業務を行うことについて登録、指定その他の処分を受けた者が当該業務として当該計量証明の事業を行う場合は、この限りでない。

一　運送、寄託又は売買の目的たる貨物の積卸し又は入出庫に際して行うその貨物の長さ、質量、面積、体積又は熱量の計量証明（船積貨物の積込み又は陸揚げに際して行うその貨物の質量又は体積の計量証明を除く。）の事業

二　濃度、音圧レベルその他の物象の状態の量で政令で定めるものの計量証明の事業（前号に掲げるものを除く。）

【第107条解説】

　計量に使用される計量器は特定計量器に限定されていません。

　事業の区分は施行規則第38条、別表第4に掲げられています。

（登録の申請）

第百八条　前条の登録を受けようとする者は、次の事項を記載した申請書をその事業所の所在地を管轄する都道府県知事に提出しなければならない。

一　氏名又は名称及び住所並びに法人にあっては、その代表者の氏名

二　事業の区分

三　事業所の所在地

四　計量証明に使用する特定計量器その他の器具、機械又は装置であって経済産業省令で定めるものの名称、性能及び数

五　その事業に係る業務に従事する者であって次に掲げるものの氏名（イに掲げるものにあっては、氏名及びその登録番号）及びその職務の内容

　イ　事業の区分に応じて経済産業省令で定める計量士

    □　事業の区分に応じて経済産業省令で定める条件に適合する知識経験を有する者

【第108条解説】

　第4号の最低設備は、施行規則第40条と第41条で引用される別表第4及び「計量法施行規則第四十一条第一号ただし書及び第三号ただし書並びに別表第四の規定に基づき経済産業大臣が別に定める場合及び経済産業大臣が別に定めるものを定める件」（平成30年経済産業省告示第175号）第2条に掲げられているとおりです。ただし、廃液処理を外部に委託する場合など同告示第1条に該当する場合は、その限りではありません。別表と告示により、計量証明事業に必要な最低設備の性能と数が具体的に示されています。第5号イの「計量士」は、同じく別表第4に掲げられています。特定濃度の環境計量士については、「計量法施行規則の規定に基づき経済産業大臣が別に定めるもの等」（平成27年経済産業省告示第65号）第3条に別途定められています。第5号ロの「知識経験を有するもの」は、「計量証明に必要な知識経験を有することに関する基準」（平成5年通商産業省告示第549号）に明記されています。

（登録の基準）

第百九条　都道府県知事は、第百七条の登録の申請が次の各号に適合するときは、その登録をしなければならない。

　一　計量証明に使用する特定計量器その他の器具、機械又は装置が経済産業省令で定める基準に適合するものであること。

　二　前条第五号イ又はロに掲げる者が当該事業に係る計量管理（計量器の整備、計量の正確の保持、計量の方法の改善その他適正な計量の実施を確保するために必要な措置を講ずることをいう。以下同じ。）を行うものであること。

　三　当該事業が第百二十一条の二に規定する特定計量証明事業のうち適正な計量の実施を確保することが特に必要なものとして政令で定める事業である場合にあっては、同条の認定を受けていること。

【第109条解説】

　登録申請が提出された時には、物的要件（最低設備）及び人的要件（計量士又は知識経験を有する者）について都道府県が現地調査で確認します。なお、事業区分が特定濃度の場合には、登録申請時にその事業所がNITE[※1]により「認定」されている必要がありますので、事業所が所有する施行規則第49条の5第1項の「認定証」と国から都道府県へ送付された認定通知を突合し、当該「認定証」が有効であることを確認する必要があります（認定の有効期間は3年間です）。

　登録後には、次のことが求められます。

　　1．事業規程の届出（変更時も必要）…………法第110条
　　2．登録申請書記載事項変更届出 ………施行規則第45条
　　3．計量証明検査の受検……………法第116条～120条
　　4．年度報告 ……………………………施行規則第96条
　　5．認定更新……………………………………法第121条の4
　　6．廃止届出（他県への移転時等） ……施行規則第49条
　　7．登録証の返納（廃止時等） ………施行規則第47条

（事業規程）

第百十条　第百七条の登録を受けた者（以下「計量証明事業者」という。）は、その登録に係る事業の実施の方法に関し経済産業省令で定める事項を記載した事業規程を作成し、その登録を受けた後、遅滞なく、都道府県知事に届け出なければならない。これを変更したときも、同様とする。

2　都道府県知事は、計量証明の適正な実施を確保する上で必要があると認めるときは、計量証明事業者に対し、前項の規定による届出に係る事業規程を変更すべきことを命ずることができる。

【第110条解説】

　事業規程の提出……（計量証明書を発行する前に）都道府県へ事業規程を提出します。変更時にも提出が必要です。なお、登録申請書記載事項に変更がある場合は、合わせて「登録申請

※1　NITEのホームページにはMLAP認定特定計量証明事業者一覧が掲載されています。認定番号とその有効期限及び認定区分の詳細並びに計量の方法について閲覧することができます。

書記載事項変更の届出」が必要です。

（証明書の交付）

第百十条の二　計量証明事業者は、その計量証明の事業について計量証明を行ったときは、経済産業省令で定める事項を記載し、経済産業省令で定める標章を付した証明書を交付することができる。

2　何人も、前項に規定する場合を除くほか、計量証明に係る証明書に同項の標章又はこれと紛らわしい標章を付してはならない。

3　前項に規定するもののほか、計量証明事業者は、計量証明に係る証明書以外のものに、第一項の標章又はこれと紛らわしい標章を付してはならない。

【第110条の2解説】

　施行規則第44条の2第1項において、「計量証明書」に記載するべき事項が詳細に規定されています。また、「標章」は施行規則第44条の2第2項にデザインが明示されています。サイズの規定はありません（右図のとおり）。

（適合命令）

第百十一条　都道府県知事は、計量証明事業者が第百九条各号に適合しなくなったと認めるときは、その計量証明事業者に対し、これらの規定に適合するために必要な措置をとるべきことを命ずることができる。

【第111条解説】

　登録時の物的要件（最低設備）又は人的要件（計量士又は知識経験を有する者）が欠けてしまった場合には、各要件を満足するよう是正を命じることができます。是正命令を発出したにもかかわらず何ら改善がなされない場合には、第113条第3号に基づく「登録取消し」の検討へ進みます。なお、第109条第3号の特定濃度の「認定」が失効又は国から取り消された場合は、当該認定区分の特定計量証明事業について「廃止届出」を速やかに提出し、同時に当該特定計量証明事業「登録証」の返

納が必要です。

（登録の失効）

第百十二条　計量証明事業者がその登録に係る事業を廃止したとき、又はその登録をした都道府県知事の管轄区域外に事業所を移転したときは、その登録は効力を失う。

【第112条解説】

　事業の廃止や他都道府県への移転時には．登録が失効します。廃止届出（施行規則第34条、様式第59）の提出と同時に登録証の返納（施行規則第47条）が必要です。

（登録の取消し等）

第113条　都道府県知事は、計量証明事業者が次の各号のいずれかに該当するときは、その登録を取り消し、又は一年以内の期間を定めて、その事業の停止を命ずることができる。

　　一　次条において準用する第六十二条第一項又は第百十六条の規定に違反したとき。

　　二　次条において準用する第九十二条第一項第一号又は第三号に該当するに至ったとき。

　　三　第百十条第二項又は第百十一条の規定による命令に違反したとき。

　　四　第百十条第一項の規定による届出に係る事業規程を実施していないと認めるとき。

　　五　前各号に規定する場合のほか、計量証明の事業について不正の行為をしたとき。

　　六　不正の手段により第百七条の登録を受けたとき。

【第113条解説】

　登録取消しは、行政指導が十分行われているにもかかわらず事業者に是正する姿勢がまったく見られない場合の措置です。

　第113条に係る行政指導は文書による事績の記録が必要です。行政手続法上の不利益処分に該当しますので、客観的な事実確認及び行政指導の記録が必要です。

　第1号は、変更届出を指導したにも関わらず放置されて改善の意志がまったく見られない場合、又は第116条の計量証明検

査の受検を拒否している場合若しくは計量証明検査で不合格となった特定計量器をそのまま証明行為に使用している場合等です。なお、第113条各項に該当する指導すべき事実が発生しているにもかかわらず都道府県が指導せずに放置している場合は、逆に行政の不作為が問われることとなります。

また、計量証明検査では、特定計量器としてリース・レンタル物件が使用されている場合であっても計量証明検査の受検義務がありますので、該当する場合は受検義務について前もって注意を促しておく必要があります。

第2号の第92条 は、いわゆる欠格条項に該当する場合です。

第3号は、事業規程変更命令又は適合命令に違反している場合です。

第4号は、事業規程そのものには問題がないが、そのとおりに実施されていないため問題が発生している場合です。

第5号は、「計量証明書」不正発行事案の発生を防止するために、平成13年に追加されました。

第6号は登録時の（人的要件）及び（物的要件）そのものが虚偽であった場合です。

（準用）

第百十四条　第九十二条第一項の規定は第百七条の登録に、第六十一条、第六十二条及び第六十五条の規定は計量証明事業者に準用する。この場合において、第九十二条第一項第一号及び第二号中「二年」とあるのは「一年」と、同号中「第九十九条」とあるのは「第百十三条」と、第六十一条中「前条第一項」とあるのは「第百十四条において準用する第九十二条第一項」と、第六十二条第一項中「第五十九条各号」とあるのは「第百八条第一号又は第三号から第五号まで」と読み替えるものとする。

【第114条解説】

計量証明事業に関する条文には、「指定製造事業者の指定の基準」や「特殊容器製造事業の承継」等が「計量証明事業登録の基準」や「承継手続」、「変更届出手続」、「廃止届出手続」に準用されています。同様に省令においても準用されています（施行規則第49条）。

（経済産業省令への委任）

第百十五条　第百七条から前条までに規定するもののほか、登録証の交付、訂正、再交付及び返納、登録簿の謄本の交付及び閲覧その他の計量証明の事業の登録に関する事項は、経済産業省令で定める。

【第115条解説】

　登録証や認定証及び事業規程並びに計量証明書等の詳細事項に関することは、施行規則第38条〜第49条の10において定めてあります。

■第2節　計量証明検査

【概要】

　計量証明行為に使用される計量器のうち、特定計量器は第16条の規定により検定有効期間内であることが必要ですが、それ以外に計量証明検査が必要と規定されています（第116条、施行令第29条）。

　計量証明検査を受けている質量計は当然ながら第19条の定期検査対象外となります。

（計量証明検査）

第百十六条　計量証明事業者は、第百七条の登録を受けた日から特定計量器ごとに政令で定める期間ごとに、経済産業省令で定めるところにより、計量証明に使用する特定計量器（第十六条第一項の政令で定めるものを除く。）であって政令で定めるものについて、その登録をした都道府県知事が行う検査（以下「計量証明検査」という。）を受けなければならない。ただし、次に掲げる特定計量器については、この限りでない。

　一　検定証印等であって、第七十二条第三項又は第九十六条第三項の規定によりこれらに表示された年月の翌月一日から起算して特定計量器ごとに政令で定める期間を経過しないものが付されている特定計量器

　二　第百二十七条第一項の指定を受けた計量証明事業者が

　　その指定に係る事業所において使用する特定計量器（前
　　号に掲げるものを除く。）
　2　第百二十七条第一項の指定を受けた計量証明事業者は、
　　前項各号列記以外の部分の政令で定める期間に一回、第
　　百二十八条第一号に規定する計量士に、その指定に係る事
　　業所において使用する同項の政令で定める特定計量器が、
　　第百十八条第一項各号に適合するかどうかを同条第二項及
　　び第三項の経済産業省令で定める方法により検査させなけ
　　ればならない。

【第116条解説】

　計量証明に使用される特定計量器のうち、施行令第29条の
別表第5に掲げられる次の特定計量器は、計量証明検査が義務
付けられています。

　　1．非自動はかり、分銅及びおもり……………………2年毎
　　2．皮革面積計………………………………………………1年毎
　　3．騒音計……………………………………………………3年毎
　　4．振動レベル計……………………………………………3年毎
　　5．濃度計（pH計検出器及び酒精度浮ひょうを除く。）
　　　………………………………………………………………3年毎

　第1項第1号の規定により、1．を除き検定後半年以内で
あれば検査は免除されます。1．は1年以内であれば同様に
免除されます（施行令別表第5）。

　なお、第2項の規定は、計量証明事業に使用するものとし
て登録された特定計量器が同時に適正計量管理事業所で管理
すべき特定計量器でもある場合の免除規定です。適正計量管
理事業所の計量士が上記の政令で定める期間に1回、検定規
則第51条～第55条に基づいて使用中検査を行うことにより
計量証明検査を免除されますが、省令に基づかない簡易的な
検査（たとえば騒音計をピストンホンで250Hzの音圧レベ
ルチェックをする等）を行っているだけである場合には、免
除されません。

（指定計量証明検査機関）
第百十七条　都道府県知事は、その指定する者（以下「指定
　　計量証明検査機関」という。）に、計量証明検査を行わせ
　　ることができる。

2　都道府県知事は、前項の規定により指定計量証明検査機関にその計量証明検査の業務（以下この節において「検査業務」という。）の全部又は一部を行わせることとしたときは、当該検査業務の全部又は一部を行わないものとする。

【第117条解説】

計量証明検査については、第26条の指定定期検査機関と同様の指定計量証明検査機関制度が設けられており、主に「非自動はかり、分銅及びおもり」の計量証明検査が行われています。

（計量証明検査の合格条件）

第百十八条　計量証明検査を行った特定計量器が次の各号に適合するときは、合格とする。

一　検定証印等（第七十二条第二項の政令で定める特定計量器にあっては、有効期間を経過していないものに限る。）が付されていること。

二　その性能が経済産業省令で定める技術上の基準に適合すること。

三　その器差が経済産業省令で定める使用公差を超えないこと。

2　前項第二号に適合するかどうかは、経済産業省令で定める方法により定めるものとする。

3　第一項第三号に適合するかどうかは、経済産業省令で定める方法により、基準器（第七十一条第三項の経済産業省令で定める特定計量器の器差については、同項の経済産業省令で定める標準物質）を用いて定めるものとする。

【第118条解説】

計量証明検査は使用中検査として検定規則第51条〜第55条に基づき実施されています。

（計量証明検査済証印等）

第百十九条　計量証明検査に合格した特定計量器には、経済産業省令で定めるところにより、計量証明検査済証印を付する。

2　前項の計量証明検査済証印には、その計量証明検査を行った年月を表示するものとする。

　3　計量証明検査に合格しなかった特定計量器に検定証印等
　　が付されているときは、その検定証印等を除去する。

【第119条解説】

　計量証明検査済証印は国（産総研）から貸与されており、形
状は検定規則第56条に掲げられています。検査を行った年の
表示は西暦で四桁（下左図）又は経済産業大臣が別に定める方
法[※2]としてアポストロフィ付きの二桁（下右図）で行い、その
下に検査を行った月を表示します。

●計量証明検査済証印

（計量証明検査に代わる計量士による検査）
第百二十条　第百十六条第一項の規定により計量証明検査を
　　受けなければならない特定計量器であって、その特定計量
　　器の種類に応じて経済産業省令で定める計量士が、第
　　百十八条第二項及び第三項の経済産業省令で定める方法に
　　よる検査を経済産業省令で定める期間内に行い、次項にお
　　いて準用する第二十五条第三項の規定により表示を付した
　　ものについて、その計量証明事業者がその事業所の所在地
　　を管轄する都道府県知事にその旨を届け出たときは、当該
　　特定計量器については、第百十六条第一項の規定にかかわ
　　らず、計量証明検査を受けることを要しない。
　2　第二十五条第二項及び第三項の規定は、前項の場合に準
　　用する。この場合において、同条第三項中「第二十三条第
　　一項各号」とあるのは、「第百十八条第一項各号」と読み

※2　経済産業大臣が別に定める方法は「計量法施行規則、特定計量器検定
　　検査規則及び指定製造事業者の指定等に関する省令の規定に基づき経
　　済産業大臣が別に定める方法、検定証印をはり付け印により付する場合
　　の様式及び基準適合証印をはり付け印により付する場合の様式を定める
　　件」（平成30年経済産業省告示第57号）第1条に明記されています。

替えるものとする。

【第120条解説】

　計量証明検査に代わる計量士による検査については、第25条の定期検査に代わる計量士による検査とまったく同様に取り扱われており、検査を実施する計量士については、次のとおり規定されています（施行規則第50条、検定規則第62条）。

　　1．非自動はかり、分銅及びおもり………………一般計量士
　　2．皮革面積計………………………………………一般計量士
　　3．騒音計 …………………環境計量士（騒音・振動関係）
　　4．振動レベル計 …………環境計量士（騒音・振動関係）
　　5．濃度計 …………………………環境計量士（濃度関係）

　主に「非自動はかり、分銅及びおもり」について、計量証明検査に代わる検査が行われています。計量証明検査に代わる検査での免除期間は「計量証明検査を行う前の1年」（皮革面積計のみ6か月）です（検定規則 第62条第2項）。

（指定計量証明検査機関の指定等）

第百二十一条　第百十七条第一項の指定は、経済産業省令で定めるところにより、検査業務を行おうとする者の申請により行う。

2　第二十七条から第三十三条まで、第三十五条から第三十九条まで及び第百六条第二項の規定は、指定計量証明検査機関及び計量証明検査に準用する。この場合において、これらの規定中「都道府県知事又は特定市町村の長」とあり、及び第百六条第二項中「経済産業大臣」とあるのは「都道府県知事」と、第二十七条から第二十八条の二まで及び第三十八条第五号中「第二十条第一項」とあるのは「第百十七条第一項」と読み替えるものとする。

【第121条解説】

　計量証明検査機関の指定申請については、第26条以下の指定定期検査機関と同様の手続が定められています。

　指定の有効期間は「3年」です（施行令第11条の2）。

第3節　特定計量証明事業

【概要】

　環境中に放出される極微量ダイオキシン類の精密測定分析を求める時代の要請に応えるため、平成13年6月法律第54号によって新設された計量証明事業です。特定計量証明事業ではGC-MS（ガスクロマトグラフ質量分析計）という分析装置が使われますが、検定と計量証明検査の対象となる特定計量器はまったく使用されません。製品評価技術基盤機構（NITE）により（MLAP認定、技能試験、立入検査）が行われ、また産業技術総合研究所計量標準総合センター（National Metrology Institute of Japan：NMIJ）により（認証標準物質 Certified Reference Material：CRMの供給、ダイオキシン類の計量管理に関する講習）がなされています。

（認定）

第百二十一条の二　特定計量証明事業（第百七条第二号に規定する物象の状態の量で極めて微量のものの計量証明を行うために高度の技術を必要とするものとして政令で定める事業をいう。以下この条において同じ。）を行おうとする者は、経済産業省令で定める事業の区分に従い、経済産業大臣又は経済産業大臣が指定した者（以下「特定計量証明認定機関」という。）に申請して、その事業が次の各号に適合している旨の認定を受けることができる。

　一　特定計量証明事業を適正に行うに必要な管理組織を有するものであること。

　二　特定計量証明事業を適確かつ円滑に行うに必要な技術的能力を有するものであること。

　三　特定計量証明事業を適正に行うに必要な業務の実施の方法が定められているものであること。

【第121条の2解説】

　「大気、水又は土壌中のダイオキシン類の濃度の計量証明の事業」（施行令第29条の2第1号）を都道府県へ事業登録するには、前もって製品評価技術基盤機構（NITE）の「認定」を得ている必要があります。認定手続については施行規則第49

条の2～第49条の10、及び「計量法施行規則の規定に基づき経済産業大臣が別に定めるもの等」（平成27年経済産業省告示第65号）並びに認定基準に関する告示に詳しく規定されています。認定の有効期間は「3年」です（施行令第29条の3）。

認定基準は、次のとおり告示されています。

・ダイオキシン類に係る特定計量証明事業の認定基準（平成14年経済産業省告示第77号）

・クロルデン等に係る特定計量証明事業の認定基準[3]（平成14年経済産業省告示第145号）

2020年7月現在、MLAP認定された特定計量証明事業所の数は76事業所です。

（証明書の交付）

第百二十一条の三　前条の認定を受けた者（以下「認定特定計量証明事業者」という。）は、同条の認定を受けた事業の区分に係る計量証明を行ったときは、経済産業省令で定める事項を記載し、経済産業省令で定める標章を付した証明書を交付することができる。

2　何人も、前項に規定する場合を除くほか、計量証明に係る証明書に同項の標章又はこれと紛らわしい標章を付してはならない。

3　前項に規定するもののほか、認定特定計量証明事業者は、計量証明に係る証明書以外のものに、第一項の標章又はこれと紛らわしい標章を付してはならない。

【第121条の3解説】

施行規則第49条の7において、「計量証明書」の記載事項が詳細に規定されています。また、「標章」は第49条の7第2項に標章のデザインが明示されています。

---

[3]　施行令第28条の2の規定により、クロルデン等の濃度の計量証明事業の認定取得は任意で、NITE認定の有無にかかわらず事業区分は施行規則別表第4の「濃度」で登録されます。

（右図のとおり）

標章サイズの規定はありません。

MLAP……Specified
（エムラップ）

Measurement

Laboratory

Accreditation

Program

（認定の更新）

第百二十一条の四　第百二十一条の二の認定は、三年を下ら
　ない政令で定める期間ごとにその更新を受けなければ、そ
　の期間の経過によって、その効力を失う。

2　第百二十一条の二及び前条第一項の規定は、前項の認定
　の更新に準用する。

【第121条の4解説】

　認定の有効期間は「3年」です（施行令第29条の3）。

　認定された後の変更についてはNITEへの届出が必要です。

　なお、認定の有効期間内であっても「計量法施行規則の規定
に基づき経済産業大臣が別に定めるもの等」（平成27年経済産
業省告示第65号）第2条により、「GC-MSの所在場所の変更」
については再認定が必要です。

　特定濃度として事業登録されているにもかかわらず認定が更
新されなかった場合は認定が失効します。「認定証」をNITE
へ返却するとともに、第109条第3号の規定により特定濃度の
登録も失効しますので、都道府県へ当該特定計量証明事業の「登
録証」の返納並びに事業廃止届出が必要です。

（認定の取消し）

第百二十一条の五　経済産業大臣は、認定特定計量証明事業
　者が次の各号のいずれかに該当するときは、その認定を取
　り消すことができる。

　一　第百二十一条の二各号のいずれかに適合しなくなった
　　とき。

　二　不正の手段により第百二十一条の二の認定又は前条第
　　一項の認定の更新を受けたとき。

【第121条の5解説】

認定の取消し[※4]を行うことができるのは、経済産業大臣です。

国が認定の取消しを行った場合、当該登録事業者は第109条第3号を満足しなくなりますので、事業登録されている都道府県へ認定を取り消された特定計量証明事業の「登録証」を返納すると同時に特定計量証明事業の事業廃止届出の提出が必要です。

> **（準用）**
> 第百二十一条の六　第四十一条、第六十五条及び第六十六条の規定は、認定特定計量証明事業者に準用する。

【第121条の6解説】

事業承継手続、特定計量証明事業の廃止届出及び廃止に伴う失効に関する準用規定です。このうち、廃止届出を怠った場合若しくは虚偽の廃止届出をした者には、罰則規定が適用されます（第180条）。

（廃止届出：施行規則様式第59）

■第4節　特定計量証明認定機関

【概要】

特定計量証明認定機関の指定等に関することは、検査機関指定等省令第18条の2以下において詳細に規定されています。

・指定の有効期間は3年間です（施行令第11の2）。2020年7月現在、指定された特定計量証明認定機関はありません。

※4　法第168条の5において、NITEが処理する特定濃度計量証明事業の関係事務として「認定、認定の更新、報告の徴収、立入検査」は明記されていますが、「認定の取消し」はありません。「認定取消し」という不利益処分は国（経済産業省）が直接行う事務となります。

（指定の申請）

第百二十一条の七　第百二十一条の二の指定は、経済産業省令で定める区分ごとに、経済産業省令で定めるところにより、同条の認定を行おうとする者の申請により行う。

（指定の基準）

第百二十一条の八　経済産業大臣は、第百二十一条の二の指定の申請が次の各号に適合していると認めるときでなければ、その指定をしてはならない。

一　経済産業省令で定める条件に適合する知識経験を有する者が第百二十一条の二の認定（以下この条及び次条において単に「認定」という。）を実施し、その数が経済産業省令で定める数以上であること。

二　法人にあっては、その役員又は法人の種類に応じて経済産業省令で定める構成員の構成が認定の公正な実施に支障を及ぼすおそれがないものであること。

三　前号に定めるもののほか、認定が不公正になるおそれがないものとして、経済産業省令で定める基準に適合するものであること。

四　認定の業務を適確かつ円滑に行うに必要な経理的基礎を有するものであること。

五　その指定をすることによって申請に係る認定の適確かつ円滑な実施を阻害することとならないこと。

（認定の義務）

第百二十一条の九　特定計量証明認定機関は、認定を行うことを求められたときは、正当な理由がある場合を除き、遅滞なく、認定のための審査を行わなければならない。

2　特定計量証明認定機関は、認定を行うときは、前条第一号に規定する者にその認定を実施させなければならない。

（準用）

第百二十一条の十　第二十七条、第二十八条の二、第三十条から第三十二条まで、第三十五条から第三十八条まで及び第百六条第二項の規定は、特定計量証明認定機関及び第百二十一条の二の認定に準用する。この場合において、これらの規定中「都道府県知事又は特定市町村の長」とあるのは「経済産業大臣」と、第二十七条、第二十八条の二第一項及び第三十八条第五号中「第二十条第一項」とあるのは「第百二十一条の二」と、第二十八条の二第二項中「前

三条」とあるのは「第百二十一条の七、第百二十一条の八
及び第百二十一条の十において準用する第二十七条」と、
第三十五条中「第二十八条第二号」とあるのは「第
百二十一条の八第一号」と、第三十七条中「第二十八条第
一号から第五号まで」とあるのは「第百二十一条の八第一
号から第四号まで」と読み替えるものとする。

【第121条の7～10解説】

　特定計量証明認定機関への立入検査は、国が実施します（第
148条第2項）。

第 7 章

適正な計量管理

【概要】

　適正な計量の実施の確保のためには、行政庁による検査等及び民間による適正な計量管理の推進が必要です。第7章は、自主的な計量管理※1の推進を図るための計量士及び適正計量管理事業所制度について規定したものです。

■第1節　計量士

（登録）

第百二十二条　経済産業大臣は、計量器の検査その他の計量管理を適確に行うために必要な知識経験を有する者を計量士として登録する。

2　次の各号の一に該当する者は、経済産業省令で定める計量士の区分（以下単に「計量士の区分」という。）ごとに、氏名、生年月日その他経済産業省令で定める事項について、前項の規定による登録を受けて、計量士となることができる。

　一　計量士国家試験に合格し、かつ、計量士の区分に応じて経済産業省令で定める実務の経験その他の条件に適合する者

　二　国立研究開発法人産業技術総合研究所（以下「研究所」という。）が行う第百六十六条第一項の教習の課程を修了し、かつ、計量士の区分に応じて経済産業省令で定める実務の経験その他の条件に適合する者であって、計量行政審議会が前号に掲げる者と同等以上の学識経験を有すると認めた者

3　次の各号の一に該当する者は、第一項の規定による登録を受けることができない。

　一　この法律又はこの法律に基づく命令の規定に違反して、罰金以上の刑に処せられ、その執行を終わり、又は執行を受けることがなくなった日から一年を経過しない

※1　計量管理　法第109条第2号：計量器の整備、計量の正確の保持、計量の方法の改善その他適正な計量の実施を確保するために必要な措置を講ずることをいう。

　　者
　二　次条の規定により計量士の登録を取り消され、その取
　　消しの日から一年を経過しない者

【第122条解説】

　計量士制度は、ある一定分野において計量に関する専門知識及び技術等を有する者に対して一定の資格を付与し、その業務を遂行させるもので非常に効果的な制度です。計量士の職務は、計量管理です。具体的には、定期検査に代わる計量士による検査、計量証明検査に代わる計量士による検査、計量証明事業における計量管理又は適正計量管理事業所における計量管理が主たる職務となっています。

　計量士の区分は、一般計量士、環境計量士（濃度関係）及び環境計量士（騒音・振動関係）の3区分に分かれており、区分ごとに所定の条件を満たすことにより経済産業大臣の登録を受け計量士となることができます。資格の取得方法は、下記の①及び②の方法があります。

①　国家試験コース

　計量士国家試験に合格し、かつ実務経験その他の条件に適合する者

②　資格認定コース

　国立研究開発法人産業技術総合研究所計量研修センターが実施する計量教習の課程を修了し、実務経験などの条件を満たし、かつ計量行政審議会によって認定された者

　なお、実務経験については、「計量士資格認定に係る実務の基準等について」（平成13年7月30日計量行政審議会）をご参照ください。

　第3項は、計量士の欠格事項を規定したものです。第3項に該当する者に計量業務を遂行させた場合、計量法の目的を達成することが困難になるおそれがあることから、計量士登録を受けさせないことを規定したものです。

（登録の取消し等）

第百二十三条　経済産業大臣は、計量士が次の各号の一に該当するときは、その登録を取り消し、又は一年以内の期間を定めて、計量士の名称の使用の停止を命ずることができ

　　る。

　　一　この法律又はこの法律に基づく命令の規定に違反した
　　　とき。

　　二　前号に規定する場合のほか、特定計量器の検査の業務
　　　について不正の行為をしたとき。

　　三　不正の手段により前条第一項の登録を受けたとき。

【第 123 条解説】

　計量士登録の取消し、計量士の名称の使用の停止を規定した
ものです。計量士が第 1 号から第 3 号で規定する違反又は不正
があった場合、計量法の目的達成に大きな支障を生ずることか
ら、主務大臣が計量士登録の取消し又は 1 年以内の計量士名称
の使用停止命令ができることを規定したものです。

（名称の使用制限）
第百二十四条　計量士でない者は、計量士の名称を用いては
　　ならない。

【第 124 条解説】

　計量士の名称の使用の制限を規定したものです。計量士でな
い者が計量士の名称を用いた場合には、法 123 条（登録の取消
し等）と同じ罰則（法 173 条）が適用されます。

（計量士国家試験）
第百二十五条　計量士国家試験は、計量士の区分ごとに、計
　　量器の検査その他の計量管理に必要な知識及び技能につい
　　て、毎年少なくとも一回経済産業大臣が行う。

【第 125 条解説】

　国家試験は、毎年 12 月の第一日曜日に実施されます。なお、
計量士の区分ごとの試験科目については、下記のとおりです。
（施行規則第 63 条）

　（Ⅰ）環境計量士
　　［1］　濃度関係
　　　①　環境計量に関する基礎知識（環境関係法規及び化学
　　　　に関する基礎知識）　②　計量関係法規　③　計量管
　　　　理概論　④　化学分析概論及び濃度の計量

　　［2］　騒音・振動関係

　　①　環境計量に関する基礎知識（環境関係法規及び物理
　　　に関する基礎知識　②　計量関係法規　③　計量管理
　　　概論　④　音響・振動概論並びに音圧レベル及び振動
　　　加速度レベルの計量

（Ⅱ）一般計量士
　　①　計量に関する基礎知識
　　②　計量関係法規
　　③　計量管理概論
　　④　計量器概論及び質量の計量

なお、試験の合格者は、受験番号が官報で公示されます。

（政令及び省令への委任）
第百二十六条　第百二十二条から前条までに規定するものの
　ほか、登録の申請、登録証の交付、訂正、再交付及び返納、
　登録簿の謄本の交付及び閲覧その他の計量士の登録に関す
　る事項は政令で、試験科目、受験手続その他の計量士国家
　試験の実施細目は経済産業省令で定める。

【第 126 条解説】

　この条文は、第 122 条から第 125 条の規定以外に、登録の申
請及び登録証の交付等、具体的な事項を施行令第 30 条から第
38 条及び施行規則第 50 条から第 70 条に委任することを規定
したものです。

　施行令第 30 条から第 38 条では、計量行政審議会の認定、計
量士資格認定証の再交付、登録の申請、計量士登録簿、計量士
登録証の交付、計量士登録証の訂正、計量士登録証の再交付、
計量士登録証の返納及び計量士登録簿の謄本の交付又は閲覧の
請求に関して規定しています。

　施行規則第 50 条から第 70 条では、計量士の区分、登録の条
件、教習の課程、計量行政審議会の認定の申請、計量士資格認
定証の再交付の申請、登録の申請、計量士登録簿の記載事項、
計量士登録証の記載事項、計量士登録証の訂正の申請、計量士
登録証の再交付の申請、登録の取消し等、計量士登録簿の謄本
の交付又は閲覧の請求、試験区分及び試験科目等、試験委員、
試験場所等の公示、受験の申請、受験の停止等、合格証書の授

与、合格証書の再交付、合格者の公示、受験の手数料に関して
規定しています。

第2節　適正計量管理事業所

【概要】

　適正計量管理事業所は、事業場で使用される特定計量器の計
量管理について、「計量士」が主体となって自主管理できるこ
とを目的として旧法時代の「計量器使用事業場」以来続いてい
る制度です。「計量管理規程」を定め、計量管理を「計量士」
が行うことにより、定期検査の受検義務及び簡易修理後の検定
を免除します（法第127条、法第19条、施行規則第11条）。

　指定の基準は、法第128条及び施行規則第75条に定められ
ていますが、その自主管理状況は千差万別です。

　適正計量管理事業所の計量士は定期的に特定計量器の検査を
実施するために必要な基準器の基準器検査を受検することも可
能とされていますので、実用基準分銅の標準管理マニュアルを
事業所の計量士が作成し、都道府県の承認を得た上で詳細な計
量管理規程を実施している事業所もあります（基検則第2条。
ただし適正計量管理事業所の基準器検査申請者は「計量士」に
限ります）。

　一方では、外部の計量士に定期的な検査を依頼しており、実
質的に法第25条の（定期検査に代わる計量士による検査）を
受ける定期検査受検者とかわらない事業所も見受けられます。

　また、平成19年の郵政民営化によって、それまで地方郵政
局の計量士が行っていた非自動はかりの計量管理は、個々の郵
便局が適正計量管理事業所として自主管理することとなりまし
た。なお、計量証明事業者が適正計量管理事業所の指定を得て
計量証明に使用する特定計量器の検査を自主検査で済ませるこ
とも計量法上可能です。適正計量管理事業所への立入検査は、
計量管理を行っている「計量士」の立会いを求めて実施します
（法第148条）。

（指定）
第百二十七条　経済産業大臣は、特定計量器を使用する事業

　　所であって、適正な計量管理を行うものについて、適正計
　　量管理事業所の指定を行う。

2　前項の指定を受けようとする者は、次の事項を記載した
　　申請書を当該特定計量器を使用する事業所の所在地を管轄
　　する都道府県知事（その所在地が特定市町村の区域にある
　　場合にあっては、特定市町村の長）を経由して、経済産業
　　大臣に提出しなければならない。

　一　氏名又は名称及び住所並びに法人にあっては、その代
　　　表者の氏名

　二　事業所の名称及び所在地

　三　使用する特定計量器の名称、性能及び数

　四　使用する特定計量器の検査を行う計量士の氏名、登録
　　　番号及び計量士の区分

　五　計量管理の方法に関する事項（経済産業省令で定める
　　　ものに限る。）

3　第一項の指定の申請をした者は、遅滞なく、当該事業所
　　における計量管理の方法について、当該都道府県知事又は
　　特定市町村の長が行う検査を受けなければならない。

4　前項の規定により検査を行った都道府県知事又は特定市
　　町村の長は、経済産業省令で定めるところにより、当該検
　　査の結果を経済産業大臣に報告しなければならない。

【第 127 条解説】

　条文では適正計量管理事業所の指定申請に係る事務が国の事
務となっていますが、平成 19 年の郵政民営化により郵便局が
国の事業所ではなくなって以来、国の指定した適正計量管理事
業所は一つもありません。現在では法第 168 条の 8 及び施行令
第 41 条の規定により、国の事業所以外の事業所に関するもの
は、都道府県知事の法定受託事務です。具体的な申請手続及び
計量管理の方法に関する事項並びにその検査等については、施
行規則第 72 条〜第 74 条に規定されています。指定申請時のガ
イドラインは「指定申請書の作成について（施行規則第 72 条
関係）」という項目名で経済産業省ホームページに公開されて
います。

（指定の基準）
第百二十八条　経済産業大臣は、前条第一項の指定の申請が

次の各号に適合すると認めるときは、その指定をしなければ
ならない。

　一　特定計量器の種類に応じて経済産業省令で定める計量
　　士が、当該事業所で使用する特定計量器について、経済
　　産業省令で定めるところにより、検査を定期的に行うも
　　のであること。

　二　その他計量管理の方法が経済産業省令で定める基準に
　　適合すること。

【第128条解説】

　適正計量管理事業所の具体的な指定基準は施行規則第75条
に規定されています。非自動はかりについては定期検査若しく
は計量証明検査が免除される代わりに自主的に定期的な検査の
実施が求められます。ただし、法第19条の定期検査と異なり、
定期的な検査の対象となる特定計量器は取引・証明行為に使用
されるものに限定されず、法第19条の対象外である他の特定
計量器についても使用中の検査を実施することに加え、量目検
査等を定期的に実施することが求められます。また、計量士の
指導の下に計量管理を行う「適正計量管理主任者」の配置が求
められます。なお、指定基準のガイドラインは経済産業省ホー
ムページに「法第128条第2号の規定に基づく適正計量管理事
業所の指定の基準について（施行規則第75条第3項関係）」と
いう項目名で公開されています。

（帳簿の記載）
第百二十九条　第百二十七条第一項の指定を受けた者は、経
　　済産業省令で定めるところにより、帳簿を備え、当該適正
　　計量管理事業所において使用する特定計量器について計量
　　士が行った検査の結果を記載し、これを保存しなければな
　　らない。

【第129条解説】

　帳簿の記載事項は施行規則第77条及び第77条の2に定めら
れているとおりです。保存期間は3年間です。特定計量器を年
度内に検査した台数については、毎年度終了後4月中に施行規
則第96条の年度報告（様式第91）で「適正計量管理事業所報
告書」として都道府県知事へ報告する必要があります。「検査」

の法的な位置付けは「使用中検査」ですので、検定規則第64条～67条の「使用公差」が適用されます。また、報告書中の「特定計量器の種類」は、「計量法施行規則第百三条の規定に基づき経済産業大臣が別に定める特定計量器の分類」（平成6年通商産業省告示第135号）に明記されている分類名称に掲げられているとおり、「自動はかり」が特定計量器に追加されています。「使用する特定計量器」について、新たに「自動はかり」が追加された事業所については、年度報告にその検査実数が上がってくることとなります。

（標識）
第百三十条　第百二十七条第一項の指定を受けた者は、当該適正計量管理事業所において、経済産業省令で定める様式の標識を掲げることができる。
2　何人も、前項に規定する場合を除くほか、同項の標識又はこれと紛らわしい標識を掲げてはならない。

【第130条解説】

標識は事業所へ任意に掲げることができます。標識のデザインは施行規則第78条に定められているとおりです（右図参照）。

大きさや掲示期間の定めはありません。この標識だけでは何のことかわかりづらいため、「令和○○年○○月　○○都道府県指定　適正計量管理事業所」などの文言追加が認められています。

（適合命令）
第百三十一条　経済産業大臣は、第百二十七条第一項の指定を受けた者が第百二十八条各号に適合しなくなったと認めるときは、その者に対し、これらの規定に適合するために必要な措置をとるべきことを命ずることができる。

【第131条解説】

指定の要件を満足しない場合の適合命令です。適合命令の発出者は大臣となっていますが、施行令第41条第2項により、国の指定に係る事業所を除き都道府県知事に委任されていま

す。命令の発出に至る前に、指定の要件を満足していない状況の改善が見込めない事業所において、通常の法第19条の定期検査を受けるべき特定計量器が使用されている場合には、指定を廃止して定期検査へと移行することを含めた指導することもあります。2年に1回行われる定期検査の時期を見ながら検討結果の回答を求めることとなります。

（指定の取消し）

第百三十二条　経済産業大臣は、第百二十七条第一項の指定を受けた者が次の各号の一に該当するときは、その指定を取り消すことができる。

　一　第百三十条第二項又は次条において準用する第六十二条第一項の規定に違反したとき。

　二　次条において準用する第九十二条第一項第一号又は第三号に該当するに至ったとき。

　三　前条の規定による命令に違反したとき。

　四　不正の手段により第百二十七条第一項の指定を受けたとき。

【第132条解説】

　第1号では「適正計量管理事業所指定申請書記載事項変更届」として法第62条第1項の特殊容器製造事業者の変更届が準用されています。施行規則第81条の様式第55を提出します。適正計量管理事業所の場合は、使用されている特定計量器（自動はかりを含む）の数に変更があった場合にもこの変更届出が必要です。

　都道府県の担当者は、年度報告書に記載された特定計量器の数が指定申請時の数と異なる場合、この変更届を求めることとなります（施行規則第96条により、特定市には年度報告書が送付されません）。

　第2号では、計量法違反があった際の取り扱いが指定取消しに該当するものとして法第92条第1項の指定製造事業者の指定基準が準用されています。

　第3号では、前条の「適合命令」に従わず、指定要件に欠けた状態に改善が見られない場合は取消しに該当することが示されています。

　なお、「指定取消し」は不利益処分に該当しますので、事実

の確認及び文書による行政指導の事績が必要です。

（準用）

第百三十三条　第九十二条第一項の規定は第百二十七条第一項の指定に、第六十一条、第六十二条、第六十五条及び第六十六条の規定は第百二十七条第一項の指定を受けた者に準用する。この場合において、第九十二条第一項第一号及び第二号中「二年」とあるのは「一年」と、同号中「第九十九条」とあるのは「第百三十二条」と、第六十一条中「前条第一項」とあるのは「第百三十三条において準用する第九十二条第一項」と、第六十二条第一項中「第五十九条各号」とあるのは「第百二十七条第二項各号」と読み替えるものとする。

【第133条解説】

　変更届及び事業譲渡並びに廃止届出等については、準用規定によります。法第66条の準用により、廃止届出が提出されると、同時に指定は失効します。準用により、施行規則において次のとおり諸届出の様式が準用されています。

　　指定申請書記載事項変更届：様式第55（法第62条第1項準用）
　　事業譲渡証明書　　　　　：様式第56（法第61条準用）
　　事業承継同意証明書　　　：様式第57（法第61条準用）
　　相続証明書　　　　　　　：様式第58（法第61条準用）
　　事業承継証明書　　　　　：様式第58の2（法第61条準用）
　　事業廃止届　　　　　　　：様式第59（法第65条準用）

ちょっと一息

　各都道府県では詳細な適正計量管理事業所に関する事務マニュアルが作成されています。適正計量管理事業所は、「計量士」の指導の下に「適正計量管理主任者」が実務の中心的な役割を果たす制度です。自主的な計量管理を推進する制度であるため、適正計量管理事業所へ立入検査を行う主な目的は「指定要件の現状確認」です。

　自主管理の状況はそれぞれの企業でまったく異なりますが、「特定計量器」の自主管理は、基本に沿った小さなことの積み重ねで築かれるものです。帳簿上の管理状況が完璧であったとしても、基本を疎かにしてしまいますと、「適正な計量管理」は崩れてしまいます。「非自

動はかりの設置状況」で一例を挙げますと、「対面式はかり」の設置場所は顧客が明確に確認できる場所であり、その「表示部」は顧客の目の高さに合わせてあることが基本です。

　この基本を疎かにして接客カウンター上には所狭しとばかりに物販商品が陳列されてしまって、肝心の「対面式はかり」の表示を顧客が確認できないとなると、いったいどうなるでしょうか。たとえ使用中検査は合格であって帳簿上は完璧であっても、肝心の「はかりの表示」が顧客からは見えない「対面式はかり」の設置状態に何の疑問も感じないという管理状況では、適正計量管理事業所という制度そのものが理解されていないのではないかという不安を覚えます。

　事業所として計量法の目的についてよく理解した上で、社員と計量士間で信用第一の計量管理を実施していただきたいものです。

第 **8** 章

計量器の校正等

【概要】

　第8章は、計量器の校正に用いる標準器等が国内最上位の国家計量標準とのつながりを体系的かつ公に証明する制度として計量法トレーサビリティ制度を定めたものです。具体的には、計量に関する国家計量標準を特定標準器として指定し、特定標準器による校正によって、その値を校正事業者へ供給する計量標準供給制度とその国家標準にトレーサブルな計量標準を供給できる校正事業者の登録制度（「計量法校正事業者登録制度」とも呼ばれる）を定めています。なお、計量法トレーサビリティ制度の英文の名称 Japan Calibration Service System の頭文字をとって JCSS と称されています。

　以下の図は、JCSS における計量トレーサビリティ[※1]システムの構成を示しました。下図の（A）は、第8章の第1節（特定標準器による校正等）、（B）が第2節（特定標準器以外の計量器による校正等）に該当します。

JCSS 計量トレーサビリティの全体像

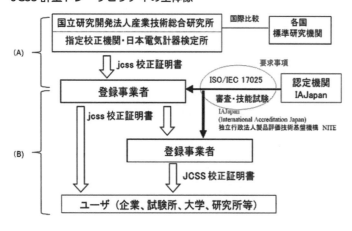

■第1節　特定標準器による校正等

　特定標準器等の指定、基準及び取消し、特定標準器による校

※1　計量トレーサビリティ：個々の校正が測定不確かさに寄与する、文書化された切れ目のない校正の連鎖を通して、測定結果を計量参照に関連付けることができる測定結果の性質（国際計量基本用語集）

正等及び義務、証明書の交付等について規定しております。

（特定標準器等の指定）

第百三十四条　経済産業大臣は、計量器の標準となる特定の
　　物象の状態の量を現示する計量器又はこれを現示する標準
　　物質を製造するための器具、機械若しくは装置を指定する
　　ものとする。

　2　経済産業大臣は、前項の規定により計量器の標準とな
　　る特定の物象の状態の量を現示する計量器を指定する場
　　合において、その指定に係る計量器（以下「特定標準器」
　　という。）を計量器の校正に繰り返し用いることが不適
　　当であると認めるときは、その特定標準器を用いて計量
　　器の校正をされた計量器であって、その特定標準器に代
　　わり得るものとして計量器の校正に用いることが適当で
　　あると認めるものを併せて指定するものとする。

　3　経済産業大臣は、特定標準器又は第一項の規定による
　　指定に係る器具、機械若しくは装置を用いて製造される
　　標準物質（以下「特定標準物質」という。）が計量器の
　　標準となる特定の物象の状態の量を現示するものとして
　　不適当となったと認めるときは、その指定を取り消すこ
　　とができる。この場合において、その指定の取消しに係
　　る特定標準器について前項の規定による指定がされてい
　　るときは、その指定を併せて取り消すものとする。

　4　経済産業大臣は、第二項の規定による指定に係る計量
　　器が特定標準器に代わり得るものとして計量器の校正に
　　用いるものとして不適当となったと認めるときは、その
　　指定を取り消すことができる。

【第134条解説】

　第1項は、計量器の標準となる特定の物象の状態の量を現示
する計量器又はこれを現示する標準物質を製造するための器
具、機械若しくは装置として、特定標準器と特定標準物質を製
造する器具、機械又は装置を指定しています。特定標準器を指
定する場合において繰り返し用いることが不適当と認めると
き、その特定標準器に代わり得るものとして特定副標準器を第
2項で指定することを規定しています。なお、特定標準器、特
定副標準器及び特定標準物質を製造する器具、機械又は装置に

ついては、告示^{※2}で指定されています。

　第3項は、特定標準器又は特定標準物質（特定の物象の状態の量を現示する標準物質を製造するための器具、機械若しくは装置を用いて製造される標準物質）が国家標準として不適当となったと認めるとき、その指定の取消しについて規定しています。指定を取り消す特定標準器に特定副標準器が指定されている場合には、その特定副標準器もあわせて取り消すことを規定したものです。

　第4項は、特定副標準器が不適当となったと認めるとき、その指定を取り消すことを規定したものです。

（特定標準器による校正等）
第百三十五条　特定標準器若しくは前条第二項の規定による指定に係る計量器（以下「特定標準器等」という。）又は特定標準物質を用いて行う計量器の校正又は標準物質の値付け（以下「特定標準器による校正等」という。）は、経済産業大臣、日本電気計器検定所又は経済産業大臣が指定した者（以下「指定校正機関」という。）が行う。
　2　経済産業大臣は、前項の規定により経済産業大臣、日本電気計器検定所又は指定校正機関が特定標準器による校正等を行うときは、次の事項を公示するものとする。
　　一　特定標準器による校正等を行う者
　　二　特定標準器による校正等を行う計量器又は標準物質
　　三　特定標準器による校正等に用いる特定標準器等又は特定標準物質
　3　経済産業大臣は、前項の規定による公示に係る特定標準器による校正等をすることができなくなったときは、その旨を公示するものとする。

【第135条解説】

　第1項は、特定標準器、特定副標準器又は特定標準物質を用

※2　計量法第134条第1項及び第2項の規定に基づく特定標準器等及び特定の物象の状態の量を現示する標準物質を製造するための器具、機械又は装置の指定（平成27年経済産業省告示第78号）

いて行う計量器の校正又は標準物質の値付けを「特定標準器による校正等」と定義し、その校正の主体を規定したものです。その主体は、経済産業大臣、日本電気計器検定所（JEMIC）又は大臣により指定された指定校正機関です。指定校正機関※3として、一般財団法人日本品質保証機構、一般財団法人化学物質評価研究機構及び国立研究開発法人情報通信研究機構が指定されています。

　第2項は、特定標準器による校正等を行う者及び計量器又は標準物質、特定標準器等又は特定標準物質の公示を規定したものです。

　第3項は、特定標準器による校正等ができなくなったときにも同様に公示することを規定しています。

（証明書の交付等）
第百三十六条　経済産業大臣、日本電気計器検定所又は指定校正機関は、特定標準器による校正等を行ったときは、経済産業省令で定める事項を記載し、経済産業省令で定める標章を付した証明書を交付するものとする。
　2　何人も、前項に規定する場合を除くほか、計量器の校正又は標準物質の値付け（以下「計量器の校正等」という。）に係る証明書に同項の標章又はこれと紛らわしい標章を付してはならない。
　3　前項に規定するもののほか、指定校正機関及び第百四十三条第一項の登録を受けた者は、計量器の校正等に係る証明書以外のものに第一項の標章又はこれと紛らわしい標章を付してはならない。

【第136条解説】
　第1項は、経済産業大臣、日本電気計器検定所又は指定校正機関は、特定標準器による校正等を行ったときは、施行規則第82条第1項で定める事項を記載し、同条第2項で定める商標（jcss）を付した証明書を交付することができることを規定し

※3　計量法第135条第1項に規定する指定校正機関を指定する省令（平成13年経済産業省令第167号）

たものです。

　証明書には、法定計量分野における基準器検査成績書とは異なり、有効期間が記載されません。

> 施行規則第82条第1項で定める記載事項
> ①特定標準器により校正を行ったときの証明書である旨の表記
> ②証明書の発行番号及び発行年月日
> ③証明書を発行した者の名称
> ④特定標準器による校正等の依頼をした者の氏名又は名称及び住所
> ⑤特定標準器による校正等を行った計量器又は標準物質の名称、製造者名及び器物番号又は容器番号
> ⑥特定標準器による校正等により得られた値
> ⑦特定標準器による校正等の方法及び実施条件
> ⑧特定標準器による校正等の実施年月日

　第2項及び第3項では、計量器の校正等に係る証明書以外のものに紛らわしい標章を含む標章を付してはならないことを規定しています。

（特定標準器による校正等の義務）
　第百三十七条　経済産業大臣、日本電気計器検定所又は指定校正機関は、特定標準器による校正等を行うことを求められたときは、正当な理由がある場合を除き、特定標準器による校正等を行わなければならない。

【第137条解説】

　校正等の実施主体（経済産業大臣、日本電気計器検定所又は指定校正機関）は、正当な理由がない場合を除いて特定標準器による校正等を行わなければならないことを規定したものです。

（指定の申請）
　第百三十八条　第百三十五条第一項の指定は、経済産業省令で定めるところにより、特定標準器による校正等を行おうとする者の申請により、その業務の範囲を限って行う。

【第138条解説】

　指定校正機関の指定は、特定標準器による校正等を行おうとする者の申請により、その業務の範囲を限って行うことを規定したものです。指定の申請は、施行規則第83条第1号から第6号で、定款及び登記事項証明書、校正業務の実施に係る組織、校正の方法等、校正業務を遂行するための体制の整備が要求されます。

（欠格条項）

第百三十九条　次の各号の一に該当する者は、第百三十五条第一項の指定を受けることができない。

　一　この法律又はこの法律に基づく命令の規定に違反し、罰金以上の刑に処せられ、その執行を終わり、又は執行を受けることがなくなった日から二年を経過しない者

　二　第百四十一条の規定により第百三十五条第一項の指定を取り消され、その取消しの日から二年を経過しない者（第百三十四条第三項又は第四項の規定により同条第一項又は第二項の規定による指定が取り消されたことに伴い、第百四十一条第三号に該当するものとして第百三十五条第一項の指定を取り消された者を除く。）

　三　その業務を行う役員のうちに、第一号に該当する者がある者

【第139条解説】

　指定校正機関の申請に関して第1号から第3号に該当する者は、申請することができないことを規定したものです。

　第1号は、この法律に違反し罰金以上の刑に処せられ、その執行を終えて2年を経過しない者、第2号は、指定校正機関の指定の取消しを受けてから2年を経過しない者、第3号は、業務を行う役員に第1項に該当する者があることを規定しています。

（指定の基準）

第百四十条　経済産業大臣は、第百三十五条第一項の指定の申請が次の各号に適合していると認めるときでなければ、その指定をしてはならない。

　一　特定標準器等を用いて計量器の校正を行うもの又は第百三十四条第一項の規定による指定に係る器具、機械若しくは装置を用いて特定標準物質を製造し、これを用いて計量器の校正若しくは標準物質の値付けを行うものであること。

　二　特定標準器による校正等の業務を適確かつ円滑に行うに必要な技術的能力及び経理的基礎を有するものであること。

　三　法人にあっては、その役員又は法人の種類に応じて経

済産業省令で定める構成員の構成が特定標準器による校正等の公正な実施に支障を及ぼすおそれがないものであること。

四　前号に定めるもののほか、特定標準器による校正等が不公正になるおそれがないものとして、経済産業省令で定める基準に適合するものであること。

【第140条解説】

指定校正機関の指定に関する申請は、第1号から第4号に適合していると認めるときでなければ、その指定をしてはならないことを規定したものです。

第1号は、特定標準器等又は特定標準物質を用いて計量器の校正若しくは標準物質の値付けを行うものであること、第2号は校正等の円滑な実施に必要な技術的能力及び経理的基礎を有することを規定しています。第3号は、法人については施行規則第83条の2で定める構成員であって、業務の公正な実施に支障を及ぼすものでないことを規定しています。第4号は、公正中立性の要件として、施行規則第83条の3で定める基準に適合することを規定しています。

（指定の取消し等）

第百四十一条　経済産業大臣は、指定校正機関が次の各号の一に該当するときは、その指定を取り消し、又は期間を定めて特定標準器による校正等の業務の全部若しくは一部の停止を命ずることができる。

一　この節の規定に違反したとき。

二　第百三十九条第一号又は第三号に該当するに至ったとき。

三　前条第一号に適合しなくなったとき。

四　次条において準用する第三十条第一項の認可を受けた業務規程によらないで特定標準器による校正等の業務を行ったとき。

五　次条において準用する第三十条第三項又は第三十七条の規定による命令に違反したとき。

六　不正の手段により第百三十五条第一項の指定を受けたとき。

【第141条解説】

　指定校正機関が第1号から第6号に該当するときは、その指定を取り消し、又は期間を定めて特定標準器による校正等の業務の全部若しくは一部の停止を命ずることができることを規定したものです。

　第1号は法第8章第1節（特定標準器による校正等：第134条から第142条）に違反したとき、第2号は法第139条（欠格事項）第1号、第3号に該当したとき、第3号は法第140条（指定の基準）第1号に適合しなくなったとき、第4号は業務規程の違反、第5号は、業務規程の変更命令及び適合命令の違反、第6号は不正手段により指定を受けたときです。なお、規定による業務の停止の命令に違反した場合には、指定校正機関の職員又は役員については1年以下の懲役若しくは100万円以下の罰金に処せられます。

（準用）

第百四十二条　第二十八条の二、第三十条から第三十二条まで、第三十六条、第三十七条及び第百六条第二項の規定は、指定校正機関及び特定標準器による校正等に準用する。この場合において、これらの規定中「都道府県知事又は特定市町村の長」とあるのは「経済産業大臣」と、第二十八条の二中「第二十条第一項」とあるのは「第百三十五条第一項」と、第三十七条中「第二十八条第一号から第五号まで」とあるのは「第百四十条第二号から第四号まで」と読み替えるものとする。

【第142条解説】

　法第28条の2（指定の更新）、法第30条（業務規程）、法第31条（帳簿の記載）、法第32条（業務の休廃止）、法第36条（役員及び職員の地位）、法第37条（適合命令）、法第106条第2項（変更の届出）は、指定校正機関及び特定標準器による校正等に準用することを規定しています。法第28条の2（指定の更新）については指定定期検査機関と同じく3年、法第31条（帳簿の記載）における帳簿保存期間については、最終の記載から起算して5年と規定されています。

　また、この準用においては、知事又は特定市町村の長は経済産業大臣、法第20条（指定定期検査機関）第1項は法第135

条（指定校正機関）第1項、法第28条（指定の基準）第1号から第5号は法第140条（指定の基準）第2号から第4号へ読み替えることを規定しています。

第2節　特定標準器以外の計量器による校正等

　特定標準器以外の計量器による校正等について規定したもので、166頁の図の（B）に該当する者について定めたものです。

（登録）
第百四十三条　計量器の校正等の事業を行う者は、校正を行う計量器の表示する物象の状態の量又は値付けを行う標準物質に付された物象の状態の量ごとに、経済産業大臣に申請して、登録を受けることができる。この場合において、登録に関して必要な手続は、経済産業省令で定める。
　2　経済産業大臣は、前項の登録の申請が次に掲げる要件のすべてに適合しているときは、その登録をしなければならない。
　　一　特定標準器による校正等をされた計量器若しくは標準物質又はこれらの計量器若しくは標準物質に連鎖して段階的に計量器の校正等をされた計量器若しくは標準物質を用いて計量器の校正等を行うものであること。
　　二　国際標準化機構及び国際電気標準会議が定めた校正を行う機関に関する基準に適合するものであること。
　3　第一項の登録は、登録簿に次に掲げる事項を記載してするものとする。
　　一　登録年月日及び登録番号
　　二　登録を受けた者の氏名又は名称及び住所並びに法人にあっては、その代表者の氏名
　　三　登録を受けた者が計量器の校正等を行う事業所の名称及び所在地
　　四　登録を受けた者が行うのが計量器の校正か、又は標準物質の値付けかの別

五　登録を受けた者が校正を行う計量器の表示する物象
の状態の量又は値付けを行う標準物質に付された物象
の状態の量

【第143条解説】

計量器の校正等の事業を行う者は、校正等を行う物象の状態
の量の区分に応じて経済産業大臣へ申請することができること
を規定したのです。

第1項の区分については、施行規則第90条により、長さ、
質量、時間・周波数及び回転速度を含む25区分が規定されて
います。後段の登録に関する手続については、登録申請書とと
もに施行規則第91条で規定する書類を製品評価技術基盤機構
に提出することを規制したものです。なお、その詳細は、「JCSS
登録申請書類作成のための手引き」（NITE認定センター）に
明示されています。

第2項第1号は、登録の要件を規定したものです。具体的に
は、「JCSS登録及び認定の取得と維持のための手引き」（NITE
認定センター）で下記のどちらかの事項を満たすことが要求さ
れています。

（1）特定標準器又は特定副標準器（以下「特定標準器等」と
いう。）による校正若しくは特定標準物質による値付け（以
下「特定標準器による校正等」という。）をされた計量器又
は標準物質（以下「特定二次標準器等」という。）を保有し、
この特定二次標準器等を用いて校正事業を行うものであるこ
と。

（2）特定標準器等に連鎖して段階的に校正又は値付けされた
計量器又は標準物質（以下「常用参照標準」という。）を用
いて校正事業を行うものであること。

第2項第2号は、JCSS登録の一般要求事項に定める要求事
項に適合したマネジメントシステムを有することを要求したも
のです。具体的には、JIS Q 17025[4]の校正機関に該当する要
求事項が採用されています。申請する場合には、申請する校正
事業の方針やマネジメントシステム等を記載した品質マニュア
ル、校正マニュアル（校正手順や方法を定めた文書）、校正の
不確かさの見積方法を定めた文書等を添付書類として提出する

※4　JIS Q 17025：試験所及び校正機関の能力に関する一般要求事項

必要があります。

　第3項は、登録の記載事項として第1号から第5号に定める事項を規定したものです。

（証明書の交付）

第百四十四条　前条第一項の登録を受けた者（以下「登録事業者」という。）は、同条第二項第一号の特定標準器による校正等をされた計量器若しくは標準物質又はこれらの計量器若しくは標準物質に連鎖して段階的に計量器の校正等をされた計量器若しくは標準物質を用いて計量器の校正等を行ったときは、経済産業省令で定める事項を記載し、経済産業省令で定める標章を付した証明書を交付することができる。

　2　登録事業者が自ら販売し、又は貸し渡す計量器又は標準物質について計量器の校正等を行う者である場合にあっては、その登録事業者は、前項の証明書を付して計量器又は標準物質を販売し、又は貸し渡すことができる。

　3　何人も、前二項に規定する場合を除くほか、計量器の校正等に係る証明書に第一項の標章又はこれと紛らわしい標章を付してはならない。

　4　前項に規定するもののほか、登録事業者は、計量器の校正等に係る証明書以外のものに、第一項の標章又はこれと紛らわしい標章を付してはならない。

【第144条解説】

　第1項は、登録事業者が特定二次標準等又は参照標準を用いて計量器の校正等を行った場合、施行規則第94条第1項で定める事項を記載し、施行規則第94条第2項で定める標章

施行規則第94条第1項で定める事項
①法第144条第1項の証明書である旨の表記
②証明書の発行番号及び発行年月日
③証明書を発行した者の氏名又は名称及び住所並びに証明書の発行業務を執行する役員又は職員の役職名、氏名及び押印又は署名
④計量器の校正等の依頼をした者の氏名又は名称及び住所
⑤計量器の校正等を行った計量器又は標準物質の名称、製造者名及び器物番号又は容器番号
⑥計量器の校正等により得られた値及びその値に付随する情報
⑦計量器の校正等の方法及び実施条件並びにこれらに付随する情報
⑧計量器の校正等の実施年月日

（JCSS）を付した証明書を交付することができることを規定し

たものです。

　第2項は、登録事業者が計量器（標準物質）を自ら販売又は貸し渡す場合、第1項の証明書を付して販売又は貸し渡すことができることを規定したものです。

　第3項及び第4項では、計量器の校正等に係る証明書以外のものに紛らわしい標章を含む標章を付してはならないことを規定しています。

> (登録の更新)
> 第百四十四条の二　第百四十三条第一項の登録は、三年を下らない政令で定める期間ごとにその更新を受けなければ、その期間の経過によって、その効力を失う。
> 　2　第百四十三条の規定は、前項の登録の更新に準用する。

【第144条の2解説】

　第1項は、校正等の事業を行う者の登録の有効期間として4年とし（施行令第38条の2）、更新しなければ、効力を失うことを規定しています。第2項は、申請、登録要件、登録簿が更新の際に適用されることを規定しています。

> (登録の取消し)
> 第百四十五条　経済産業大臣は、登録事業者が次の各号のいずれかに該当するときは、その登録を取り消すことができる。
> 　一　第百四十三条第二項各号のいずれかに適合しなくなったとき。
> 　二　不正の手段により第百四十三条第一項の登録を受けたとき。

【第145条解説】

　登録の取消しの要件として法第143条（登録要件）に適合しなくなったときと不正の手段により登録事業者の登録を受けたときが該当することを規定したものです。

> (準用)
> 第百四十六条　第四十一条、第六十五条及び第六十六条の規定は、登録事業者に準用する。

【第146条解説】

　法第41条（承継）、法第65条（廃止の届出）、法第66条（指定の失効）について、JCSS登録に準用することを規定しています。

第 **9** 章

雑則

（第 147 条〜第 169 条の 2 ）

【概要】

　第9章「雑則」には、計量行政に携わる職員にとって重要な3項目「立入検査・計量教習・法定受託事務」が含まれています。

　計量法に基づき立入検査を実施するには、計量教習を受講して特定計量器や特定商品の検査について、最低限必要な技術的知識を習得しておく必要があります。また、法定受託事務は、国により統一された処理手順が定められています。

・報告・立入検査・提出命令・不利益処分・立入検査によらない不利益処分
・計量行政審議会
・手数料・公示
・検定等の期限・指定検定機関の不合格処置
・聴聞・行政不服審査・意見聴取・計量調査官
・計量教習
・検定用具類の貸付
・経過措置
・研究所（産総研NMIJ）の事務・機構（NITE）の事務・都道府県の事務・経済産業局の事務
・法定受託事務

（報告の徴収）

第百四十七条　経済産業大臣又は都道府県知事若しくは特定市町村の長は、この法律の施行に必要な限度において、政令で定めるところにより、届出製造事業者、届出修理事業者、計量器の販売の事業を行う者、指定製造者、特殊容器輸入者、輸入事業者、計量士、登録事業者又は取引若しくは証明における計量をする者（特定商品であってその特定物象量に関し密封をし、その容器又は包装にその特定物象量を表記したもの（以下「特定物象量が表記された特定商品」という。）を販売する者を含む。次条第一項において同じ。）に対し、その業務に関し報告させることができる。

2　経済産業大臣は、この法律の施行に必要な限度において、指定検定機関、特定計量証明認定機関又は指定校正機関に対し、その業務又は経理の状況に関し報告させることができる。

3　都道府県知事又は特定市町村の長は、この法律の施行に

必要な限度において、指定定期検査機関又は指定計量証明検査機関に対し、その業務又は経理の状況に関し報告させることができる。

【第147条解説】

　この条文の「報告」は臨時的にその報告を求める必要が生じた場合に求めるもので、事業者から毎年度4月（NITE登録事業者は5月）に提出される「年度報告（施行規則第96条）」ではありません。報告を求めることのできる事業者及び報告すべき内容は、施行令第39条及び別表第6に具体的に列記されています。都道府県又は特定市町村が報告を求めることができる事業者の範囲は明記されていませんが、届出等を受理した管轄内の事業者に限定されます（管轄区域外の事業者については、管轄の都道府県又は特定市町村と協議した上で、管轄区域の都道府県又は特定市町村へ報告徴収を依頼する必要があります）。いずれの事業者に対しても「この法律の施行に必要な限度」を超える報告を求めることはできません。具体的にその限度とは、別表に明記された「報告の内容」に記載されていない事項、たとえば届出製造事業者に対して特定計量器以外の製品の出荷状況の報告を求める等、計量法で規制される範疇を超える報告を求めることはできません。

　第147条に基づく報告を求める場合は、事業者に対して臨時的に報告を求める趣旨をよく理解してもらうことが重要です。

　また、「特定物象量が表記された特定商品」の定義がこの条文中にあり、法第13条第1項の内容量表記義務のある密封された特定商品及び同条第2項の任意に内容量が表記され密封された特定商品を表しています。「政令5条特定商品」という場合は、法第13条第1項の内容量表記義務のある密封された特定商品のみを指します。この場合の「政令」とは、「特定商品の販売に係る計量に関する政令」を指します。

　なお、外国の事業者に対して国（経済産業省）は報告を求めることができます。外国の事業者から報告を拒否された場合は、国は指定・承認等を取り消すことができます。

- ・指定外国製造者（法第69条第2項第1号、施行令第39条第2項）
- ・承認外国製造事業者（法第89条第5項第1号、施行令第39条第3項）

・指定外国製造事業者（法第101条第3項で準用される第89条第5項、施行令第39条第4項）

（立入検査）

第百四十八条　経済産業大臣又は都道府県知事若しくは特定市町村の長は、この法律の施行に必要な限度において、その職員に、届出製造事業者、届出修理事業者、計量器の販売の事業を行う者、指定製造者、特殊容器輸入者、輸入事業者、計量士、登録事業者又は取引若しくは証明における計量をする者の工場、事業場、営業所、事務所、事業所又は倉庫に立ち入り、計量器、計量器の検査のための器具、機械若しくは装置、特殊容器、特定物象量が表記された特定商品、帳簿、書類その他の物件を検査させ、又は関係者に質問させることができる。

2　経済産業大臣は、この法律の施行に必要な限度において、その職員に、指定検定機関、特定計量証明認定機関又は指定校正機関の事務所又は事業所に立ち入り、業務の状況若しくは帳簿、書類その他の物件を検査させ、又は関係者に質問させることができる。

3　都道府県知事又は特定市町村の長は、この法律の施行に必要な限度において、その職員に、指定定期検査機関又は指定計量証明検査機関の事務所又は事業所に立ち入り、業務の状況若しくは帳簿、書類その他の物件を検査させ、又は関係者に質問させることができる。

4　前三項の規定により立入検査をする職員は、その身分を示す証明書を携帯し、関係者に提示しなければならない。

5　第一項から第三項までの規定による権限は、犯罪捜査のために認められたものと解釈してはならない。

【第148条解説】

　立入検査を行う職員は、第4項の規定により、必ず身分証明書の提示が必要です（職員以外の者が立入検査を行うことはできません）。身分証明書は施行規則第104条において実施主体に応じて4種類の様式が規定されています。第148条及び施行令第39条並びに施行規則第104条に基づき立入検査の主体別に分類すると次のとおりです。

1．国（経済産業省）の立入検査

（1）指定検定機関、特定計量証明認定機関、指定校正機関

（2）上記のほか、第 148 条第 1 項に記載された事業者

（3）変成器付電気計器（法第 152 条参照）

2．都道府県又は特定市町村の立入検査

（1）　検定有効期間のある特定計量器を取引・証明に使用している事業者への立入検査……自動車等給油メーターやガス・水道メーターを主な対象としています。特定計量器の検定有効期間を超えて取引・証明に使用されている場合は、法第 16 条を根拠として指導します。

（2）　届出事業者・登録事業者・適正計量管理事業者・計量士等への立入検査……事業者の計量管理状況について、それぞれの事業者における現状を確認し、登録要件等に欠けている事実があれば、その改善について指導します。

（3）　特定商品の商品量目……第 13 条第 1 項及び第 2 項の「特定物象量が表記された特定商品」の商品量目検査です。消費者の日常生活に身近な商品量目の立入検査として、全国的に実施されています。

　　　「対面式はかり」により計量された面前計量特定商品（法第 12 条第 1 項の特定商品）については、主に第 19 条の定期検査実施の有無及び計量方法について立入検査を実施します。

（4）　指定定期検査機関又は指定計量証明検査機関

3．研究所（産総研）……（法第 168 条の 3）

　　第 148 条の第 1 項又は第 2 項に記載された事業者

4．機構（NITE）……（法第 168 条の 5）

　　JCSS 登録事業者

4′．機構（NITE）……（法第 168 条の 6）

　　JCSS 登録事業者を除く第 148 条の第 1 項又は第 2 項に記載された事業者（MLAP 含む）

　　外国の事業者については法第 147 条と同様に国（経済産業省）が立入検査を行うことができます。外国の事業者から立入検査を拒否された場合は、国は指定・承認等を取り消すことができます。

　　・指定外国製造者（法第 69 条第 2 項の立入検査）

　　・承認外国製造事業者（法第 89 条第 5 項の立入検査）

　　・指定外国製造事業者（法第 101 条第 3 項で準用される第 89 条第 5 項の立入検査）

第5項の規定は、立入検査が犯罪捜査ではないことを明記しているもので、事業者の犯罪行為を見過ごしてよいということではありません。

（計量器等の提出）

第百四十九条　経済産業大臣又は都道府県知事若しくは特定市町村の長は、前条第一項の規定により、その職員に検査させた場合において、その所在の場所において検査させることが著しく困難であると認められる計量器、特殊容器又は特定物象量が表記された特定商品があったときは、その所有者又は占有者に対し、期限を定めて、これを提出すべきことを命ずることができる。

2　経済産業大臣は、第百六十八条の三第一項又は第百六十八条の六第一項の規定により、研究所又は独立行政法人製品評価技術基盤機構（以下「機構」という。）に検査を行わせた場合において、その所在の場所において検査を行わせることが著しく困難であると認められる計量器、特殊容器又は特定物象量が表記された特定商品があったときは、その所有者又は占有者に対し、期限を定めて、これを提出すべきことを命ずることができる。

3　国又は都道府県若しくは特定市町村は、前二項の規定による命令によって生じた損失を所有者又は占有者に対し補償しなければならない。

4　前項の規定により補償すべき損失は、第一項及び第二項の命令により通常生ずべき損失とする。

【第149条解説】

立入検査において、その場で検査ができずに持ち帰る必要がある場合の規定です。

（特定物象量の表記の抹消）

第百五十条　都道府県知事又は特定市町村の長は、第百四十八条第一項の規定により、その職員に、特定物象量が表記された特定商品を経済産業省令で定めるところにより検査させた場合において、その特定物象量の誤差が量目公差を超えるときは、その特定物象量の表記を抹消することができる。

2　都道府県知事又は特定市町村の長は、前項の規定による
処分をするときは、その特定商品の所有者又は占有者に対
して、その理由を告知しなければならない。

【第150条解説】

　商品量目立入検査において、特定物象量が表記された特定商
品が量目公差を超えて不足している場合に、その表記を抹消す
ることができる規定です。

（検定証印等の除去）

第百五十一条　経済産業大臣又は都道府県知事若しくは特定
市町村の長は、第百四十八条第一項の規定により、その職
員に、取引又は証明における法定計量単位による計量に使
用されている特定計量器（第十六条第一項の政令で定める
ものを除く。）を検査させた場合において、その特定計量
器が次の各号の一に該当するときは、その特定計量器に付
されている検定証印等を除去することができる。

一　その性能が経済産業省令で定める技術上の基準に適合
しないこと。

二　その器差が経済産業省令で定める使用公差を超えるこ
と。

三　第七十二条第二項の政令で定める特定計量器にあって
は、検定証印等がその有効期間を経過していること。

2　前項第一号に該当するかどうかは、経済産業省令で定め
る方法により定めるものとする。

3　第一項第二号に該当するかどうかは、経済産業省令で定
める方法により、基準器（第七十一条第三項の経済産業省
令で定める特定計量器の器差については、同項の経済産業
省令で定める標準物質）を用いて定めるものとする。

4　経済産業大臣又は都道府県知事若しくは特定市町村の長
は、第一項の規定による処分をするときは、その特定計量
器の所有者又は占有者に対して、その理由を告知しなけれ
ばならない。

【第151条解説】

　立入検査において使用中検査を実施して不合格となった特定
計量器の検定証印等の除去に関する条文です。明確な不利益処

185

分に該当しますので、使用中検査での「器差検査」には必ず「基準器」を使用し、JIS 規格附属書どおりの検査を実施する必要があります。多くの場合、ひょう量が小さな非自動はかりと自動車等給油メーターは現場での器差検査が可能です。

（合番号の除去）

第百五十二条　経済産業大臣は、第百四十八条第一項の規定により、その職員に、取引又は証明における法定計量単位による計量に使用されている電気計器及びこれとともに使用されている変成器を検査させた場合において、その電気計器又はこれとともに使用されている変成器が次の各号の一に該当するときは、これらに付されている第七十四条第二項又は第三項の合番号を除去することができる。

一　変成器の構造及び誤差が経済産業省令で定める技術上の基準に適合しないこと。

二　電気計器が当該変成器とともに使用される場合の誤差が経済産業省令で定める公差を超えること。

2　前項各号に該当するかどうかは、経済産業省令で定める方法により定めるものとする。

3　前条第四項の規定は、第一項の規定による処分に準用する。

【第152条解説】

　法第152条の規定により、変成器付電気計器の立入検査は必要に応じて国のみ実施できます。施行令第43条により、変成器付電気計器の製造又は修理事業者の立入検査については経済産業局長に委任されています。なお、一般家庭用の電気計器は電気事業法第57条の2第1項の規定に基づく登録調査機関（一般財団法人電気保安協会など）によりブレーカー等の漏電調査を含む定期保安調査がなされています。（次頁図参照）

●オール電化マンションの例

【上図】左側上部は電気温水器とIH調理機用の200V、中段はアナログタイマー、下段は100Vのメーターです。

右側はスマートメーターに置き換わっています。

●定期保安調査済マーク

※マンションの電気配線は、設計時の容量に対して200V配線に100Vまで含めてすべて通電させることは想定されていませんので、通常は【下図】に示されるように100V用と200V用電気メーターがそれぞれ交換され、廃止したアナログタイマーはBOXカバーにより漏電防止処理がなされます。

（装置検査証印の除去）

第百五十三条　経済産業大臣又は都道府県知事若しくは特定市町村の長は、第百四十八条第一項の規定により、その職員に、機械器具に装置されて取引又は証明における法定計量単位による計量に使用されている車両等装置用計量器を検査させた場合において、その車両等装置用計量器が次の各号の一に該当するときは、その車両等装置用計量器に付されている第七十五条第二項の装置検査証印を除去することができる。

一　経済産業省令で定める技術上の基準に適合しないこと。

二　第七十五条第二項の装置検査証印がその有効期間を経過していること。

2　前項第一号に該当するかどうかは、経済産業省令で定め

る方法により定めるものとする。

3　第百五十一条第四項の規定は、第一項の規定による処分に準用する。

【第153条解説】

いわゆるタクシーメーターの立入検査に関する条文です。

この条文により、使用中検査で不合格となった場合には、「装置検査証印」を除去することができます。器差検査の使用公差（60m）は検定公差（40m）の1.5倍です。

＜装置検査証印＞

タクシーメーターには「装置検査証印」のほかに、タクシーメーターを車両に取り付ける時に「検定証印」が封印され、いったん取り付けられた後は毎年の装置検査においても交換されません。「装置検査証印」（左図）とよく似ております。

＜検定証印＞

「検定証印」（左図）を間違って除去しないように注意する必要があります。

（立入検査によらない検定証印等の除去）

第百五十四条　第百五十一条第一項に規定する場合のほか、経済産業大臣又は都道府県知事若しくは特定市町村の長は、政令で定める特定計量器であって取引又は証明における法定計量単位による計量に使用されているものが同項各号の一に該当するときは、その特定計量器に付されている検定証印等を除去することができる。

2　第百五十二条第一項に規定する場合のほか、経済産業大臣は、電気計器が変成器とともに取引又は証明における法定計量単位による計量に使用されている場合において、その電気計器又はこれとともに使用されている変成器が同項

　各号の一に該当するときは、これらに付されている第
　七十四条第二項又は第三項の合番号を除去することができ
　る。
3　第百五十一条第二項から第四項までの規定は第一項の場
　合に、同条第四項及び第百五十二条第二項の規定は前項の
　場合に準用する。この場合において、第百五十一条第四項
　中「理由」とあるのは、「時期及び理由」と読み替えるも
　のとする。

【第154条解説】

　一般家庭で取引に使用されている特定計量器のうち、施行令
第40条に列記されたメーターについて法第151条の検査を実
施した結果が「不合格」であった場合に、検定証印等の除去を
行う時期と理由を示すことが求められる根拠を示す条文です。
　＜施行令第40条＞
　・水道メーター、温水メーター
　・微流量燃料油メーター（使用最大流量が1リットル／分以
　　下）
　・ガスメーター
　・積算熱量計
　・最大需要電力計、電力量計、無効電力量計

第百五十五条　削除〔平成二三年八月法律一〇五号〕

【第155条解説】

　毎年の年度当初に全国の都道府県と特定市町村の協議が義務
付けられていました。現在では削除されています。

（計量行政審議会）
第百五十六条　経済産業省に、計量行政審議会（以下「審議
　会」という。）を置く。
2　審議会は、この法律の規定によりその権限に属させられ
　た事項を処理する。
3　審議会は、学識経験を有する者のうちから、経済産業大
　臣が任命する会長一人及び委員十九人以内で組織する。
4　前項に定めるもののほか、審議会の組織及び運営に関し
　必要な事項は、経済産業省令で定める。

（審議会への諮問）

第百五十七条 経済産業大臣は、次の場合には、審議会に諮問しなければならない。

　一　第二条第一項第二号若しくは第四項、第三条、第四条第一項若しくは第二項、第五条第二項、第十二条第二項、第十三条第一項、第十六条第一項、第五十一条第一項、第五十三条第一項、第五十七条第一項若しくは第七十二条第二項の政令、第十二条第一項の商品を定める政令又は第十九条第一項の特定計量器を定める政令の制定又は改廃の立案をしようとするとき。

　二　第百三十四条第一項若しくは第二項の規定による指定をし、又は同条第三項若しくは第四項の規定によりこれらの指定を取り消そうとするとき。

　三　第百三十五条第一項の規定により特定標準器による校正等を行い、若しくは日本電気計器検定所若しくは指定校正機関に行わせ、又はこれらを取りやめようとするとき。

【第156～第157条解説】

　計量行政審議会は、計量行政の在り方について広く有識者が議論する経済産業省の諮問機関です。法第157条に列記された条文の改廃時には開催が義務付けられています。

（手数料）

第百五十八条 次に掲げる者（経済産業大臣、研究所、機構又は日本電気計器検定所に対して手続を行おうとする者に限る。）は、実費を勘案して政令で定める額の手数料を納付しなければならない。ただし、経済産業大臣、都道府県知事、特定市町村の長、日本電気計器検定所、指定定期検査機関、指定検定機関又は指定計量証明検査機関が、この法律又はこの法律に基づく命令の規定による検査に用いる計量器について基準器検査を受ける場合は、この限りでない。

　一　第十七条第一項の指定を受けようとする者

　二　検定を受けようとする者

　三　変成器付電気計器検査を受けようとする者

　四　装置検査を受けようとする者

　　五　第七十六条第一項、第八十一条第一項又は第八十九条
　　　　第一項の承認を受けようとする者（第七十八条第一項（第
　　　　八十一条第二項及び第八十九条第三項において準用する
　　　　場合を含む。）の試験に合格した特定計量器の型式につ
　　　　いて、これらの承認を受けようとする者を除く。）

　　六　第八十三条第一項（第八十九条第三項において準用す
　　　　る場合を含む。第三項において同じ。）の承認の更新を
　　　　受けようとする者

　　七　第十六条第一項第二号ロの指定を受けようとする者

　　八　第九十一条第二項の検査を受けようとする者

　　九　基準器検査を受けようとする者

　　十　第百二十一条の二の認定を受けようとする者

　　十一　第百二十一条の四第一項の認定の更新を受けようと
　　　　する者

　　十二　計量士の登録証の訂正又は再交付を受けようとする
　　　　者

　　十三　計量士の登録簿の謄本の交付又は閲覧を請求しよう
　　　　とする者

　　十四　計量士国家試験を受けようとする者

　　十五　適正計量管理事業所の指定を受けようとする者

　　十六　第百四十三条第一項の登録を受けようとする者

　　十七　第百四十四条の二第一項の登録の更新を受けようと
　　　　する者

2　特定標準器による校正等を受けようとする者は、研究所、
　機構、日本電気計器検定所又は指定校正機関が実費を超え
　ない範囲内において経済産業大臣の認可を受けて定める額
　の手数料を納めなければならない。

3　前二項の手数料は、研究所が行う検定、変成器付電気計
　器検査、装置検査、第七十六条第一項、第八十一条第一項
　若しくは第八十九条第一項の承認、第八十三条第一項の承
　認の更新、基準器検査又は特定標準器による校正等を受け
　ようとする者の納付するものについては研究所の、機構が
　行う第百二十一条の二の認定、第百二十一条の四第一項の
　認定の更新、第百四十三条第一項の登録、第百四十四条の
　二第一項の登録の更新又は特定標準器による校正等を受け
　ようとする者の納付するものについては機構の、日本電気
　計器検定所が行う検定、変成器付電気計器検査、第七十六

条第一項、第八十一条第一項若しくは第八十九条第一項の
承認、第八十三条第一項の承認の更新、第九十一条第二項
の検査、基準器検査又は特定標準器による校正等を受けよ
うとする者の納付するものについては日本電気計器検定所
の、指定校正機関が行う特定標準器による校正等を受けよ
うとする者の納付するものについては当該指定校正機関
の、その他の者の納付するものについては国庫の収入とす
る。

4　都道府県又は特定市町村は、地方自治法（昭和二十二年
法律第六十七号）第二百二十七条の規定に基づき定期検査
又は計量証明検査に係る手数料を徴収する場合において
は、第二十条第一項の規定により指定定期検査機関が行う
定期検査又は第百十七条第一項の規定により指定計量証明
検査機関が行う計量証明検査を受けようとする者に、条例
で定めるところにより、当該手数料を当該指定定期検査機
関又は指定計量証明検査機関へ納めさせ、その収入とする
ことができる。

【第158条解説】

　ここで定めてある手数料は、主に国及び国の関係機関が徴収
する手数料、並びに地方自治体の法定受託事務手数料に関する
ものです。機関委任事務の廃止により、地方自治体の自治事務
に係る計量法関係手数料については、各自治体の手数料条例で
定めることとなりました。手数料の具体的な金額は、「計量法
関係手数料令」（平成5年政令第340号）並びに「計量法関係
手数料規則」（平成5年通商産業省令第66号）に規定されてい
ます。

（公示）
第百五十九条　経済産業大臣は、次の場合には、その旨を公
　示しなければならない。
　一　第十六条第一項第二号イの指定をしたとき。
　二　第十六条第一項第二号ロの指定をしたとき。
　三　第十七条第一項の指定をしたとき。
　四　第六十六条（第六十九条第一項、第百条、第百一条第
　　　三項、第百二十一条の六及び第百四十六条において準用
　　　する場合を含む。）の規定により指定、認定若しくは登

録が効力を失ったことを確認したとき、又は第六十七条
（第六十九条第一項において準用する場合を含む。）若し
くは第六十九条第二項の規定により指定を取り消したと
き。

五　第七十六条第一項、第八十一条第一項又は第八十九条
第一項の承認をしたとき。

六　第八十七条（第八十九条第四項において準用する場合
を含む。）の規定により承認が効力を失ったことを確認
したとき、又は第八十八条（第八十九条第四項において
準用する場合を含む。）若しくは第八十九条第五項の規
定により承認を取り消したとき。

七　第九十九条（第百一条第三項において準用する場合を
含む。）又は第百一条第三項において準用する第八十九
条第五項の規定により指定を取り消したとき。

八　第百六条第二項（第百二十一条の十及び第百四十二条
において準用する場合を含む。）の規定による届出があっ
たとき。

九　第百六条第三項において準用する第三十二条の届出が
あったとき。

十　第百六条第三項において準用する第三十八条の規定に
より指定を取り消し、又は検定（変成器付電気計器検査、
装置検査、第七十八条第一項（第八十一条第二項及び第
八十九条第三項において準用する場合を含む。）の試験
及び第九十三条第一項の調査を含む。）の業務の停止を
命じたとき。

十一　第百二十一条の二の指定をしたとき。

十二　第百二十一条の二の認定をしたとき。

十三　第百二十一条の五の規定により認定を取り消したと
き。

十四　第百二十一条の十において準用する第三十二条の届
出があったとき。

十五　第百二十一条の十において準用する第三十八条の規
定により指定を取り消し、又は第百二十一条の二の認
定の業務の停止を命じたとき。

十六　第百三十四条第一項又は第二項の規定による指定を
したとき。

十七　第百三十四条第三項又は第四項の規定により指定を

　　　取り消したとき。

　十八　第百三十五条第一項の指定をしたとき。

　十九　第百四十一条の規定により指定を取り消し、又は特
　　　定標準器による校正等の業務の停止を命じたとき。

　二十　第百四十二条において準用する第三十二条の届出が
　　　あったとき。

　二十一　第百四十三条第一項の登録をしたとき。

　二十二　第百四十五条の規定により登録を取り消したと
　　　き。

2　都道府県知事は、次の場合には、その旨を公示しなけれ
　ばならない。

　一　第二十条第一項の指定をしたとき。

　二　第三十二条（第百二十一条第二項において準用する場
　　　合を含む。）の届出があったとき。

　三　第三十八条（第百二十一条第二項において準用する場
　　　合を含む。）の規定により指定を取り消し、又は定期検
　　　査若しくは計量証明検査の業務の停止を命じたとき。

　四　第三十九条第一項（第百二十一条第二項において準用
　　　する場合を含む。）の規定により定期検査又は計量証明
　　　検査の全部又は一部を自ら行うこととするとき。

　五　第百十七条第一項の指定をしたとき。

3　特定市町村の長は、次の場合には、その旨を公示しなけ
　ればならない。

　一　第二十条第一項の指定をしたとき。

　二　第三十二条の届出があったとき。

　三　第三十八条の規定により指定を取り消し、又は定期検
　　　査の業務の停止を命じたとき。

　四　第三十九条第一項の規定により定期検査の全部又は一
　　　部を自ら行うこととするとき。

4　日本電気計器検定所は、第七十六条第一項、第八十一条
　第一項又は第八十九条第一項の承認をしたときは、その旨
　を公示しなければならない。

【第159条解説】

　ここで定めてある公示は、国及び国の関係機関（産総研、
NITE、日本電気計器検定所）が行う公示、並びに都道府県及
び特定市町村の指定定期検査機関及び指定計量証明検査機関に

関する公示です。

　国及び国の関係機関の公示方法は、施行規則第114条に規定されています。

　（検定等をすべき期限）
　第百六十条　経済産業大臣、都道府県知事、日本電気計器検定所又は指定検定機関は、検定、変成器付電気計器検査、装置検査若しくは基準器検査又は第七十六条第一項、第八十一条第一項若しくは第八十九条第一項の承認の申請があったときは、経済産業省令で定める期間以内に合格若しくは不合格の処分又は承認若しくは不承認の処分をしなければならない。
　2　指定検定機関は、第七十八条第一項（第八十一条第二項及び第八十九条第三項において準用する場合を含む。）の試験を行うことを求められたときは、経済産業省令で定める期間以内に合格又は不合格の判定をしなければならない。

【第160条解説】
　計量法の検定・検査・型式承認等の申請処理に関する行政手続法上の標準処理期間を定めた条文です。具体的には検定規則第71条に詳しく規定されています。ここで定めてある標準処理期間は、国及び国の関係機関（産総研、NITE、日本電気計器検定所）及び都道府県の行う検定・装置検査・基準器検査並びに指定検定機関の行う検定・型式承認を含みます。第2項の規定により、指定検定機関の型式承認試験の標準処理期間は、検定規則第71条第1項第4号の90日である旨が規定されています。

　なお、検定規則第72条において、一部の特定計量器について検定（装置検査含む）に合格した時に交付すべき「検定済証」様式並びに「装置検査済証」様式が規定されています。

　また、不合格であった場合の（「不合格票」の）様式は検定規則第73条に規定されています。

　（不合格の判定の理由の通知）
　第百六十一条　指定検定機関は、前条第二項に規定する場合において、不合格の判定をしたときは、その試験を行うこ

とを求めた者に対し、その理由を通知しなければならない。

【第161条解説】

　この条文により、指定検定機関が行う型式承認試験の結果が不合格である場合には、その不合格の理由の通知を義務付けられています。

（聴聞の特例）

第百六十二条　経済産業大臣又は都道府県知事は、第百十三条又は第百二十三条の規定による命令をしようとするときは、行政手続法（平成五年法律第八十八号）第十三条第一項の規定による意見陳述のための手続の区分にかかわらず、聴聞を行わなければならない。

2　第三十八条（第百六条第三項、第百二十一条第二項及び第百二十一条の十において準用する場合を含む。）、第六十七条（第六十九条第一項において準用する場合を含む。）、第六十九条第二項、第八十八条（第八十九条第四項において準用する場合を含む。）、第八十九条第五項（第百一条第三項において準用する場合を含む。）、第九十九条（第百一条第三項において準用する場合を含む。）、第百十三条、第百二十一条の五、第百二十三条、第百三十二条、第百四十一条又は第百四十五条の規定による処分に係る聴聞の期日における審理は、公開により行わなければならない。

3　前項の聴聞の主宰者は、行政手続法第十七条第一項の規定により当該処分に係る利害関係人が当該聴聞に関する手続に参加することを求めたときは、これを許可しなければならない。

【第162条解説】

　第1項の重い不利益処分については「聴聞」を実施し、その聴聞内容を参酌する必要があります。

・第113条（計量証明事業者の登録取消し又は事業停止）

・第123条（計量士の登録取消し又は名称使用停止）

　第2項の不利益処分についての「聴聞」は公開での審理が必要です。

・第38条（指定定期検査機関の指定取消し又は検査業務停

止）

・第67条（指定製造者（特殊容器）の指定取消し）

・第69条第1項及び第2項（指定外国製造者の指定取消し）

・第88条（承認製造事業者又は承認輸入事業者の型式承認
取消し）

・第89条第4項及び第5項（承認外国製造事業者の型式承
認取消し）

・第99条（指定製造事業者の指定取消し）

・第101条第3項（指定外国製造事業者の指定取消し）

・第106条第3項（指定検定機関指定取消し又は検定業務停
止）

・第113条（計量証明事業者の登録取消し又は事業停止）

・第121条第2項（指定計量証明検査機関の指定取消し又は
検査業務停止）

・第121条の5（認定特定計量証明事業者の認定取消し）

・第121条の10（特定計量証明事業の指定取消し又は業務
停止）

・第123条（計量士の登録取消し又は名称使用停止）

・第132条（適正計量管理事業所の指定取消し）

・第141条（指定校正機関の指定取消し又は校正業務停止）

・第145条（登録事業者の登録取消し）

　第3項の利害関係人（当該事業者の従業員等）が参加を求め
た場合は、聴聞主催者は許可しなければなりません。

（審査庁）

第百六十三条　この法律又はこの法律に基づく命令の規定に
　よる研究所、機構、日本電気計器検定所、指定検定機関、
　特定計量証明認定機関又は指定校正機関の処分又はその不
　作為について不服がある者は、経済産業大臣に対して審査
　請求をすることができる。この場合において、経済産業大
　臣は、行政不服審査法（平成二十六年法律第六十八号）第
　二十五条第二項及び第三項、第四十六条第一項及び第二項
　並びに第四十九条第三項の規定の適用については、研究所、
　機構、日本電気計器検定所、指定検定機関、特定計量証明
　認定機関又は指定校正機関の上級行政庁とみなす。

2　この法律又はこの法律に基づく命令の規定による指定定
　期検査機関又は指定計量証明検査機関の処分又はその不作

為について不服がある者は、当該指定定期検査機関又は指定計量証明検査機関を指定した都道府県知事又は特定市町村の長に対して審査請求をすることができる。この場合において、都道府県知事又は特定市町村の長は、行政不服審査法第二十五条第二項及び第三項、第四十六条第一項及び第二項並びに第四十九条第三項の規定の適用については、指定定期検査機関又は指定計量証明検査機関の上級行政庁とみなす。

【第163条解説】

　各機関や指定定期検査機関等が行う処分又は不作為について不服のある者は、上級庁へ「審査請求」を行うことができます。この条文により、具体的な上級庁が規定されています。

（審査請求の手続における意見の聴取）
第百六十四条　この法律又はこの法律に基づく命令の規定による処分又はその不作為についての審査請求に対する裁決は、行政不服審査法第二十四条の規定により当該審査請求を却下する場合を除き、審査請求人に対し、相当な期間をおいて予告をした上、同法第十一条第二項に規定する審理員が公開による意見の聴取をした後にしなければならない。
2　前項の意見の聴取に際しては、審査請求人及び利害関係人に対し、その事案について証拠を提示し、意見を述べる機会を与えなければならない。
3　第一項に規定する審査請求については、行政不服審査法第三十一条の規定は適用せず、同項の意見の聴取については、同条第二項から第五項までの規定を準用する。

【第164条解説】

　上級庁へ「審査請求」がなされた場合には、公開による意見聴取を行う必要があります。

（計量調査官）
第百六十五条　経済産業大臣は、その職員であって経済産業省令で定める資格を有するもののうちから、計量調査官を任命し、審査請求に関する事務に従事させるものとする。

　　この場合における行政不服審査法第九条第一項の規定の適用については、同項中「審査庁に所属する職員（第十七条に規定する名簿を作成した場合にあっては、当該名簿に記載されている者）」とあるのは、「計量調査官」とする。

【第165条解説】

　「計量調査官」の資格は、施行規則第115条に規定されています。国の「計量調査官」は経済産業省の職員です。

　（計量に関する教習）
　第百六十六条　研究所は、計量に関する事務に従事する経済産業省、都道府県、市町村、指定定期検査機関、指定検定機関、指定計量証明検査機関、特定計量証明認定機関及び指定校正機関の職員並びに計量士になろうとする者に対し、計量に関する教習を行うことにより、必要な技術及び実務を教授する。
　2　前項に規定するもののほか、同項の教習に関し必要な事項は、経済産業省令で定める。

【第166条解説】

　「計量教習」は、メートル法に基づく正確な計量に関する実践的な知識を広く教授するために国によって行われています。
　教習の種類及び受講資格並びに受講料等の詳細は施行規則第119条から第134条までに規定されています。
　計量法に係る業務内容に応じた次の各種計量教習が用意されています。
　　・一般計量教習
　　・一般計量特別教習
　　・環境計量特別教習（濃度関係）
　　・環境計量特別教習（騒音・振動関係）
　　・環境計量講習（濃度関係）
　　・環境計量講習（騒音・振動関係）
　　・短期計量教習
　　・特定教習

　（検定用具等の貸付け）
　第百六十七条　経済産業大臣は、定期検査、検定、装置検査、

基準器検査、計量証明検査又は第百四十八条第一項の規定による検査に必要な用具であって、経済産業省令で定めるもの（国有財産法（昭和二十三年法律第七十三号）の適用を受けるものを除く。）を都道府県知事又は特定市町村の長に無償で貸し付けなければならない。

【第167条解説】

具体的な貸与品は「証印類」・「消印」です。検定規則第74条及び基検則第28条に規定されています。

（経過措置）

第百六十八条　この法律の規定に基づき命令を制定し、又は改廃する場合においては、その命令で、その制定又は改廃に伴い合理的に必要と判断される範囲内において、所要の経過措置（罰則に関する経過措置を含む。）を定めることができる。

【第168条解説】

計量法は主に特定計量器の技術基準に関する法令なので、技術基準の改正時には、旧技術基準によって製造された特定計量器のため経過措置を設ける必要があります。

（研究所が処理する事務）

第百六十八条の二　経済産業大臣は、研究所に、次に掲げる事務を行わせるものとする。

　一　第十六条第一項第二号イの規定による検定に関する事務（指定検定機関の指定に係るものを除く。）

　二　第十六条第二項の規定による変成器付電気計器検査に関する事務

　三　第十六条第三項の規定による装置検査に関する事務

　四　第五章第一節の規定による検定、変成器付電気計器検査及び装置検査に関する事務

　五　第五章第二節（第八十六条及び第八十八条（第八十九条第四項において準用する場合を含む。）を除く。）の規定による型式の承認に関する事務

　六　第五章第四節の規定による基準器検査に関する事務

　七　第百三十五条から第百三十七条までの規定による特定

　　標準器による校正等に関する事務（指定校正機関の指定
　　に係るものを除く。）
　八　第百五十九条第一項の規定による公示に関する事務
　　（同項第五号に係るものに限る。）
　九　附則第二十条の規定による比較検査に関する事務

【第 168 条の 2 解説】

　研究所（産総研計量標準総合センター（NMIJ））はメートル
条約に基づく国家標準供給機関としての重要な役割がありま
す。第 168 条の 2 において、その具体的事務が列記されていま
す。

　なお、「比較検査」の対象は施行令第 45 条により「酒精度浮
ひょう」に限定されています。

（研究所の行う立入検査）
第百六十八条の三　経済産業大臣は、必要があると認めると
　きは、研究所に、第百四十八条第一項又は第二項の規定に
　よる立入検査を行わせることができる。
2　経済産業大臣は、前項の規定により研究所に立入検査を
　行わせる場合には、研究所に対し、当該立入検査の場所そ
　の他必要な事項を示してこれを実施すべきことを指示する
　ものとする。
3　研究所は、前項の指示に従って第一項に規定する立入検
　査を行ったときは、その結果を経済産業大臣に報告しなけ
　ればならない。
4　第一項の規定により立入検査をする研究所の職員は、そ
　の身分を示す証明書を携帯し、関係者に提示しなければな
　らない。
（研究所に対する命令）
第百六十八条の四　経済産業大臣は、前条第一項に規定する
　立入検査の業務の適正な実施を確保するため必要があると
　認めるときは、研究所に対し、当該業務に関し必要な命令
　をすることができる。

【第 168 条の 3・4 解説】

　研究所（産総研 NMIJ）が立入検査を実施する場合の規定で
す。

第148条の立入検査を行う場合の身分証明書の様式は、施行規則第104条第2項の様式第93の2です。

（機構が処理する事務）
第百六十八条の五　経済産業大臣は、機構に、次に掲げる事務を行わせるものとする。
　一　第百二十一条の二の規定による認定に関する事務
　二　第百二十一条の四第一項の規定による認定の更新に関する事務
　三　第百三十五条から第百三十七条までの規定による特定標準器による校正等に関する事務（指定校正機関の指定に係るものを除く。）
　四　第八章第二節の規定による特定標準器以外の計量器による校正等に関する事務
　五　第百四十七条第一項の規定による報告の徴収に関する事務（登録事業者に係るものに限る。）
　六　第百四十八条第一項の規定による立入検査に関する事務（登録事業者に係るものに限る。）
　七　第百五十九条第一項の規定による公示に関する事務（同項第四号（第百四十六条において準用する第六十六条の規定により登録が効力を失ったことの確認に係る部分に限る。）、第十二号、第二十一号及び第二十二号に係るものに限る。）

【第168条の5解説】
　機構（NITE：独立行政法人製品評価技術基盤機構）は校正事業者登録制度（JCSS）や特定計量証明事業者認定制度（MLAP）などにおいて重要な役割を果たしています。第168条の5において、その具体的事務が列記されています。

（機構の行う立入検査）
第百六十八条の六　経済産業大臣は、必要があると認めるときは、機構に、第百四十八条第一項又は第二項の規定による立入検査を行わせることができる。
　2　第百六十八条の三第二項から第四項までの規定は、機構の行う立入検査に準用する。

（機構に対する命令）

第百六十八条の七　経済産業大臣は、第百六十八条の五（第
　　百四十五条、第百四十七条第一項及び第百四十八条第一項
　　に係る部分に限る。）及び前条第一項に規定する業務の適
　　正な実施を確保するため必要があると認めるときは、機構
　　に対し、当該業務に関し必要な命令をすることができる。

【第168条の6・7解説】

　機構（NITE）が立入検査を実施する場合の規定です。

　第148条の立入検査を行う場合の身分証明書の様式は、施行
規則第104条第3項の様式第93の3及び同条第4項の様式第
93の4です。

（都道府県が処理する事務）

第百六十八条の八　この法律に規定する経済産業大臣の権限
　　に属する事務の一部は、政令で定めるところにより、都道
　　府県知事が行うこととすることができる。

【第168条の8解説】

　施行令第41条に列記されている次の事務の一部は都道府県
が実施しています。

　・特殊容器（指定製造者）に係る事務
　・適正計量管理事業所（国の事業所を除く）に係る事務

（権限の委任）

第百六十九条　この法律の規定により経済産業大臣の権限に
　　属する事項は、政令で定めるところにより、経済産業局長
　　に行わせることができる。

【第169条解説】

　施行令第43条に列記されている次の事務は経済産業局が実
施しています。

　・電気計器に係る事務
　・適正計量管理事業所のうち国の事業所に係る事務

（事務の区分）

第百六十九条の二　第四十条第二項（第四十二条第三項、第

四十五条第二項及び第百条において準用する場合を含
む。）、第九十一条第二項及び第三項並びに第百二十七条第
二項から第四項までの規定により都道府県が処理すること
とされている事務（同条第二項から第四項までに規定する
ものにあっては、政令で定めるものに限る。）は、地方自
治法第二条第九項第一号に規定する第一号法定受託事務と
する。

2　第百二十七条第二項から第四項までの規定により特定市
町村が処理することとされている事務（政令で定めるもの
に限る。）は、地方自治法第二条第九項第一号に規定する
第一号法定受託事務とする。

【第169条の2解説】

　機関委任事務の廃止により追加された条文です。

　地方自治法第2条第9項第1号の別表第1に掲げられている
計量法に係る法定受託事務を定めたものです。法定受託事務に
ついては、国の手引書に従い事務を行います。

　・製造事業者の届出等進達業務
　・指定製造事業者の届出等進達業務
　・指定製造事業者の指定検査及び国への報告
　・適正計量管理事業所の指定申請進達業務及び審査結果の国
　　への報告

第 **10** 章

罰則

（第 170 条〜第 180 条）

【概要】

　法違反者については、罰則適用を考慮する前に法規制の内容の周知及び「勧告」等の十分な行政指導を行う必要があります。

　法違反者に対する法第148条の立入検査は、法違反の事実を確認することも一つの目的ではありますが、法違反状態になっている原因を把握し、その改善策を指導することによって、法違反状態から脱して、適正な事業者としての道を歩めるようにすることが行政法規である計量法の目的です。行政手続法に従い、法規制内容の周知や「勧告」等の指導を行っても法違反状態を改めない場合には、「是正命令」を発出しますが、「是正命令」にもかかわらず故意に違反状態を改めない事業者について、「罰則」の適用を検討することとなります。

　第170条～第180条には、計量法の罰則規定があります。

　罰則規定は、計量法違反行為によって生じる社会への影響の重大さによって科せられる刑罰に軽重があり、重大な計量法違反行為から順番に条文が設定されています。

　第170条及び第171条並びに第172条に掲げられる重大な計量法違反行為には、懲役若しくは罰金が科せられます。

　第173条から第176条までの計量法違反には罰金が科せられます。

　第177条にはいわゆる「両罰規定」が設けられ、計量法違反行為を行った者が属している「法人」についても、罰せられます。

　第178条から第180条までの計量法違反には「過料」が科せられますが、両罰規定は適用されていません。

> 第百七十条　次の各号のいずれかに該当する者は、一年以下の懲役若しくは百万円以下の罰金に処し、又はこれを併科する。
> 　一　第五十七条第一項若しくは第二項又は第百七条の規定に違反した者
> 　二　第百十三条の規定による命令に違反した者

【第170条解説】

　この条文に掲げられる計量法違反行為は、社会的影響が大きい重大な違反行為です。これらの計量法違反行為者には、１年

以下の懲役若しくは百万円以下の罰金を処し、又はこれが併科
されます。さらにその法人に対しては、第177条の両罰規定が
適用されます。

・第57条第1項若しくは第2項
（譲渡等の制限）
　ガラス製体温計、抵抗体温計、
アネロイド型血圧計については、
人の健康管理に重要な役割があ
り、正しく機能することが求め
られます。検定証印等（検定証
印又は基準適合証印）が付され

ていないものは、販売禁止であることはもちろんのこと、譲渡
等もしてはなりません（図参照）。

・第107条（計量証明の事業の登録）
　計量証明事業を無登録で行ってはなりません。また、登録し
ていた計量証明事業者が廃止届を提出した後、無登録状態で違
法に計量証明事業を継続してはなりません。

・第113条（登録の取消し等）
　計量証明事業の登録取消し命令又は事業停止命令の処分を受
けたにもかかわらず、計量証明事業を継続して行ってはなりま
せん。

> 第百七十一条　第三十八条（第百六条第三項、第百二十一条
> 　第二項及び第百二十一条の十において準用する場合を含
> 　む。）又は第百四十一条の規定による業務の停止の命令に
> 　違反した場合には、その違反行為をした指定定期検査機関、
> 　指定検定機関、指定計量証明検査機関、特定計量証明認定
> 　機関又は指定校正機関の役員又は職員は、一年以下の懲役
> 　又は百万円以下の罰金に処する。

【第171条解説】
　この条文に掲げられる計量法違反行為は、前条と同じく社会
的影響が大きい重大な違反行為です。これらの計量法違反行為
を行った機関の役員又は職員は、1年以下の懲役若しくは百万

円以下の罰金に処されます。

・第38条（指定定期検査機関の指定取消し等）

　指定定期検査機関の指定取消し又は業務停止命令の処分を受けたにもかかわらず、定期検査を継続して行ってはなりません。

・第106条第3項（指定検定機関への準用）

　指定検定機関の指定取消し又は業務停止命令の処分を受けたにもかかわらず、検定事業を継続して行ってはなりません。

・第121条第2項（指定計量証明検査機関への準用）

　指定計量証明検査機関の指定取消し又は業務停止命令の処分を受けたにもかかわらず、計量証明検査を継続して行ってはなりません。

・第121条の10（特定計量証明認定機関への準用）

　特定計量証明認定機関の指定取消し又は業務停止命令の処分を受けたにもかかわらず、認定事業を継続して行ってはなりません。

・第141条（指定校正機関の指定取消し等）

　指定校正機関の指定取消し命令又は業務停止命令の処分を受けたにもかかわらず、校正事業を継続することはできません。

> 第百七十二条　次の各号のいずれかに該当する者は、六月以下の懲役若しくは五十万円以下の罰金に処し、又はこれを併科する。
> 　一　第十六条第一項から第三項まで、第十七条第二項、第四十九条第一項若しくは第三項、第六十八条、第九十七条第二項又は第百十六条第一項若しくは第二項の規定に違反した者
> 　二　第六十三条第三項、第八十四条第三項又は第九十七条第一項の規定に違反して表示を付した者

【第172条解説】

　この条文に掲げられる計量法違反行為を行った者は、半年以下の懲役若しくは五十万円以下の罰金に処され、又は併科されます。

・第16条第1項から第3項（使用の制限）

　もっともよく知られている罰則規定です。

　取引又は証明には、計量器でないものは使用できません。ま

た、特定計量器は第 16 条第 1 項から第 3 項の要件を満足する特定計量器以外の特定計量器を取引又は証明行為に使用し又は使用に供するために所持してはなりません。

・第 17 条第 2 項（特殊容器の使用）

「特殊容器」の販売にあたっては、施行規則で定められた高さまで商品を満たした状態でないとなりません。

・第 49 条第 1 項若しくは第 3 項（検定証印等の除去）

届出製造修理事業者は、特定計量器を修理したことによって器差が使用公差を超えた場合には、（検定証印等、合番号又は装置検査証印）を除去することが求められます。

・第 68 条（表示の除去）

「特殊容器」の輸入事業者は、特殊容器に付された紛らわしい表示を除去することが求められます。

・第 97 条第 2 項（表示の制限）

輸入事業者は、基準適合証印と紛らわしい表示が付された特定計量器の表示を除去することが求められます。

・第 116 条第 1 項若しくは第 2 項（計量証明検査）

計量証明事業者は、登録をした都道府県が行う計量証明検査を受検する義務があります。ただし、当該事業者が適正計量管理事業所である場合は、事業所の計量士に検査をさせる義務があります。

・第 63 条第 3 項（特殊容器の表示）

指定製造者以外の者は「特殊容器」の表示をしてはなりません。

・第 84 条第 3 項（型式承認の表示）

型式を承認された製造事業者又は輸入事業者以外の者が特定計量器に「型式承認表示」の表示をしてはなりません。

・第 97 条第 1 項（基準適合証印の表示の制限）

指定製造事業者以外の者は、特定計量器に基準適合証印と紛らわしい表示をしてはなりません。

第百七十三条　次の各号のいずれかに該当する者は、五十万円以下の罰金に処する。

一　第八条第一項若しくは第二項、第九条第一項、第十八条、第十九条第一項若しくは第二項、第四十九条第二項、第六十三条第二項、第八十五条又は第百二十四条の規定に違反した者

二　第十五条第三項、第五十六条、第六十四条、第八十六条、第九十八条、第百十一条、第百二十三条又は第百三十一条の規定による命令に違反した者

三　第二十五条第三項（第百二十条第二項において準用する場合を含む。）の規定に違反して、第二十三条第一項各号に適合する旨を証明書に記載した計量士

四　第五十条第三項又は第五十四条第三項の規定に違反して表示を付した者

五　第五十四条第一項の規定に違反して表示を付さなかった者

六　第五十五条の規定に違反して特定計量器を販売し、又は販売の目的で陳列した者

七　第九十五条第二項の規定に違反して検査を行わず、検査記録を作成せず、虚偽の検査記録を作成し、又は検査記録を保存しなかった者

八　第百十条の二第二項、第百二十一条の三第二項、第百三十六条第二項又は第百四十四条第三項の規定に違反して標章を付した者

九　第百二十九条の規定に違反して検査の結果を記載せず、虚偽の記載をし、又は帳簿を保存しなかった者

十　第百三十条第二項の規定に違反して標識を掲げた者

【第173条解説】

　この条文に掲げられる計量法違反行為を行った者は、五十万円以下の罰金に処せられます。

（1号）……義務規定の遵守

　　・第8条第1項若しくは第2項（非法定計量単位の使用の禁止）

　　・第9条第1項（非法定計量単位による目盛等を付した計量器の禁止）

　　・第18条（使用方法等の制限）

　　・第19条第1項若しくは第2項（定期検査受検義務）

　　・第49条第2項（修理時の型式承認表示除去義務）

　　・第63条第2項（特殊容器の容量表記義務）

　　・第85条（輸入事業者に対する紛らわしい型式承認表示除去義務）

　　・第124条（計量士名称の詐称禁止）

（2号）……是正命令等への遵守義務

・第 15 条第 3 項（特定商品の是正命令）

・第 56 条（家庭用計量器製造・輸入事業者への改善命令）

・第 64 条（特殊容器製造者への適合命令）

・第 86 条（型式承認特定計量器の製造・輸入事業者への改善命令）

・第 98 条（指定製造事業者への改善命令）

・第 111 条（計量証明事業者への適合命令）

・第 123 条（計量士の登録取消し等命令）

・第 131 条（適正計量管理事業所への適合命令）

（3号）……不適正な検査の禁止

・第 25 条第 3 項（定期検査に代わる計量士による検査）

・第 120 条第 2 項（計量証明検査に代わる計量士による検査）

（4号）……紛らわしい表示の禁止

・第 50 条第 3 項（修理済表示）

・第 54 条第 3 項（家庭用計量器表示）

（5号）及び（6号）……家庭用計量器の製造・販売に関連した義務

・第 54 条第 1 項（家庭用計量器の表示）

・第 55 条（家庭用計量器販売事業者の義務）

（7号）……指定製造事業者の基準適合義務

・第 95 条第 2 項（検査義務）

（8号）……紛らわしい標章の禁止

・第 110 条の 2 第 2 項（計量証明事業者）

・第 121 条の 3 第 2 項（特定計量証明事業者　MLAP）

・第 136 条第 2 項（指定校正機関　jcss）又は第 144 条第 3 項（登録事業者　JCSS）

（9号）及び（10号）……適正計量管理事業所関連

・第 129 条（計量士による特定計量器検査の帳簿作成保存義務）

・第 130 条第 2 項（紛らわしい標識の禁止）

第百七十四条　次の各号のいずれかに該当する者は、三十万円以下の罰金に処する。

211

　　一　第四十条第一項、第四十六条第一項又は第五十一条第
　　　一項の規定に違反した者
　　二　第四十四条、第四十八条又は第五十二条第四項の規定
　　　による命令に違反した者

【第174条解説】

　この条文に掲げられる計量法違反行為を行った者は、三十万
円以下の罰金に処せられます。

（1号）……製造・修理・販売事業者の事業届出不履行
　　　　　・第40条第1項（製造事業届出）、第46条第1項（修
　　　　　　理事業届出）……施行規則（様式第1）
　　　　　・第51条第1項（販売事業届出）……施行規則（様
　　　　　　式第8）
（2号）……製造・修理・販売事業者への改善命令等
　　　　　・第44条（製造時検査への改善命令）、第48条（修
　　　　　　理時検査への改善命令）
　　　　　・第52条第4項（届出販売事業者への是正命令）

　第百七十五条　次の各号のいずれかに該当する者は、二十万
　　円以下の罰金に処する。
　　一　第百十条第一項の規定による届出をせず、又は虚偽の
　　　届出をした者
　　二　第百四十七条第一項の規定による報告をせず、又は虚
　　　偽の報告をした者
　　三　第百四十八条第一項の規定による検査を拒み、妨げ、
　　　若しくは忌避し、又は同項の規定による質問に対して答
　　　弁をせず、若しくは虚偽の答弁をした者
　　四　第百四十九条第一項又は第二項の規定による命令に違
　　　反した者
　　五　第百五十条第一項、第百五十一条第一項、第百五十二
　　　条第一項又は第百五十三条第一項の規定による処分を拒
　　　み、妨げ、又は忌避した者

【第175条解説】

　この条文に掲げられる計量法違反行為を行った者は、二十万
円以下の罰金に処せられます。

（1号）……計量証明事業者の事業規程届出不履行

　　　　　・第 110 条第 1 項（事業規程）

　　　　　事業規程届出書……施行規則（様式第 61 の 2）

　　　　　事業規程変更届出書……施行規則（様式第 61 の 3）

（2 号）及び（3 号）……報告徴収及び立入検査の拒否等

　　　　　・第 147 条第 1 項（報告義務）

　　　　　・第 148 条第 1 項（立入検査）

（4 号）……提出命令の拒否等

　　　　　・第 149 条第 1 項又は第 2 項（計量器等）

（5 号）……立入検査時の不合格処分の拒否等

　　　　　・第 150 条第 1 項（特定商品の表記抹消）

　　　　　・第 151 条第 1 項（特定計量器の検定証印等の除去）

　　　　　・第 152 条第 1 項（変成器付電気計器の合番号の除去）

　　　　　・第 153 条第 1 項（タクシーメーターの装置検査証印の除去）

第百七十六条　次の各号のいずれかに掲げる違反があった場合には、その違反行為をした指定定期検査機関、指定検定機関、指定計量証明検査機関、特定計量証明認定機関又は指定校正機関の役員又は職員は、二十万円以下の罰金に処する。

　一　第三十一条（第百六条第三項、第百二十一条第二項、第百二十一条の十及び第百四十二条において準用する場合を含む。）の規定に違反して第三十一条に規定する事項を記載せず、虚偽の記載をし、又は帳簿を保存しなかったとき。

　二　第三十二条（第百六条第三項、第百二十一条第二項、第百二十一条の十及び第百四十二条において準用する場合を含む。）の規定による届出をせず、又は虚偽の届出をしたとき。

　三　第百四十七条第二項又は第三項の規定による報告をせず、又は虚偽の報告をしたとき。

　四　第百四十八条第二項又は第三項の規定による検査を拒み、妨げ、若しくは忌避し、又はこれらの規定による質問に対し、答弁をせず、若しくは虚偽の答弁をしたとき。

【第 176 条解説】

　この条文に掲げられる計量法違反行為を行った（指定定期検

査機関、指定検定機関、指定計量証明検査機関、特定計量証明認定機関、指定校正機関）の役員又は職員は、二十万円以下の罰金に処せられます。

（1号）……帳簿の未作成等

　　　　　・第31条（第106条第3項、第121条第2項、第121条の10及び第142条の準用を含む）

（2号）……業務休止（廃止）届出不履行

　　　　　・第32条（第106条第3項、第121条第2項、第121条の10及び第142条の準用を含む）……指定定期検査機関、指定検定機関、指定計量証明検査機関及び特定計量証明認定機関の指定等に関する省令（様式第4）

（3号）……報告不履行等

　　　　　・第147条第2項又は第3項

（4号）……立入検査の拒否等

　　　　　・第148条第2項又は第3項

第百七十七条　法人の代表者又は法人若しくは人の代理人、使用人その他の従業者が、その法人又は人の業務に関し、第百七十条又は第百七十二条から第百七十五条までの違反行為をしたときは、行為者を罰するほか、その法人又は人に対して、各本条の罰金刑を科する。

【第177条解説】

　この条文は、計量法違反者のみならず、その法人に対して罰則を設けているもので、いわゆる「両罰規定」といわれるものです。

第百七十八条　第六十二条第一項（第百十四条及び第百三十三条において準用する場合を含む。）、第七十九条第一項（第八十一条第三項において準用する場合を含む。）又は第九十四条第一項の規定による届出をせず、又は虚偽の届出をした者は、二十万円以下の過料に処する。

【第178条解説】

　この条文に掲げられる計量法違反行為を行った者は、二十万円以下の過料に処せられます。

（届出不履行）

- ・第 62 条第 1 項（特殊容器製造事業指定申請書記載
  事項変更届）……施行規則（様式第 55）
- ・第 114 条の準用（計量証明事業者登録申請書記載事
  項変更届）……施行規則（様式第 61）
- ・第 133 条の準用（適正計量管理事業所指定申請書記
  載事項変更届）……施行規則（様式第 55）
- ・第 79 条第 1 項（届出製造事業者の型式承認変更届）
- ・第 81 条第 3 項の準用（輸入事業者の型式承認変更
  届）
- ・第 94 条第 1 項（指定製造事業者の品質管理の方法
  に関する事項の変更届）

第百七十九条　第百六十八条の四又は第百六十八条の七の規
　　定による命令に違反した場合には、その違反行為をした研
　　究所又は機構の役員は、二十万円以下の過料に処する。

【第 179 条解説】

　この条文に掲げられる命令に違反した研究所又は機構の役員
は、二十万円以下の過料に処せられます。

- ・第 168 条の 4 又は第 168 条の 7

第百八十条　第四十二条第一項（第四十六条第二項及び第
　　五十一条第二項において準用する場合を含む。）、第四十五
　　条第一項（第四十六条第二項及び第五十一条第二項におい
　　て準用する場合を含む。）又は第六十五条（第百十四条、
　　第百二十一条の六、第百三十三条及び第百四十六条におい
　　て準用する場合を含む。）の規定による届出をせず、又は
　　虚偽の届出をした者は、十万円以下の過料に処する。

【第 180 条解説】

　この条文に掲げられる各種届出を怠った者は、十万円以下の
過料に処せられます。

（届出書記載事項変更届）……届出製造・修理・販売事業者

- ・第 42 条第 1 項（第 46 条第 2 項及び第 51 条第 2 項
  の準用含む）……施行規則（様式第 3）

（事業廃止届）……届出製造・修理・販売事業者のほか、特殊

　　　容器の指定製造者・計量証明事業者・認定特定計量
　　　証明事業者・適正計量管理事業者・JCSS登録事業者
　　・第45条第1項（第46条第2項及び第51条第2項
　　　の準用含む）……施行規則（様式第7）
　　・第65条（第114条、第121条の6、第133条及び
　　　第146条の準用含む）……施行規則（様式第59）

ちょっと一息

　ある日、体重計が買い替え時期でしたので近所のディスカウントストアに並んでいる家庭用体重計を購入しました。一見正常です。ところが、電池ボックスの中にごく小さな切り替えスイッチがあることに気が付き、そこの設定を変えたところ、表示される体重がまったく違う数字に変わりました。驚くべきことに、計量単位の変更が可能でした。しかもメートル法・ヤードポンド法・そして意味不明の「st」計量単位と、合計3種類も変更可能でした。意味不明の計量単位を調べたところ、イギリスの非公式な計量単位でした。

　この非法定計量単位による表示がされる家庭用計量器は、法第9条「非法定計量単位による目盛等を付した計量器の販売禁止」に抵触するため、販売及び販売の目的での陳列ができません。すなわち、輸入事業者はディスカウントストアに卸すことが出来ず、ディスカウントストアは販売が禁止され、商品の陳列もできません。

　法第9条は、いきなり罰則規定が設定された「直罰主義」の条文であり、しかも家庭用計量器販売事業者は法第51条の届出義務が無いため、法第52条第4項「是正命令」対象外です。地元のディスカウントストアですので法第9条に違反している計量器の販売をそのまま見過ごして放置する訳にもいかず、いったい誰に対してどのような是正指導を行えば改善していただけるのか、たいへん悩みました。

　計量法第9条の規定により、一部の例外を除き日本では非法定計量単位の目盛が付された「計量器」の販売が禁止されています。「計量器」という場合、特定計量器以外の幅広い計量器が該当します。その中には、法第53条に規定される「特別な計量器」である家庭用計量器も含まれます。

　よって、施行令第14条に列記されている「家庭用計量器」を輸入する事業者は、法第9条を満足する家庭用計量器であって施行規則第19条の技術基準（JIS規格B7613）に適合するものを輸入しなければなりません。

付録

付録1　計量法の歴史

1．計量史年表

● 701 年（大宝元年）	我が国初の度量衡制度（大宝律令）	
● 1582 年（天正 10 年）	太閤検地（近代度量衡制度へ）	
● 1875 年（明治 8 年）	メートル条約締結	
● 1885 年（明治 18 年）	日本がメートル条約に加盟	
● 1891 年（明治 24 年）	度量衡法公布 尺貫法とともにメートル法を公認 営業に使用する計量器を検定対象	度（長さ）・量（容積）・衡（質量） 『尺』、『貫』を基本 計量器の事業（製造・修理・販売） は免許制
● 1903 年（明治 36 年）	度量衡講習が制定	計量公務員、製造事業者が対象
● 1921 年（大正 10 年）	度量衡法の改正（メートル法の統一を規定）	『メートル』、『キログラム』を基本
● 1951 年（昭和 26 年）	計量法制定（度量衡から計量へ） 計量単位　10 ⇒ 33 計量士制度の導入	製造・修理は許可制、販売は登録制
● 1952 年（昭和 27 年）	計量教習所の設置（新宿区河田町）	第 1 期教習（6 か月、2 回 / 年）
● 1966 年（昭和 41 年）	計量法の改正（規制緩和） 対象法定計量器　39 機種から 27 機種	
● 1974 年（昭和 49 年）	環境計量証明事業に濃度、騒音が追加	計量士制度に環境計量士が新設
● 1993 年（平成 5 年）	新計量法の施行（抜本的改正） 全ての特定計量器に型式承認を導入 指定製造事業者制度及び JCSS 制度の導入	『法定計量器』⇒『特定計量器』 27 機種から 18 機種
● 1999 年（平成 11 年）	地方分権一括法、中央省庁等改革一括法	機関委任事務⇒自治事務 計量教習の受講義務の廃止
● 2001 年（平成 13 年）	特定計量証明事業（MLAP）の導入 省庁再編（通産省⇒経産省）、産業技術総合研究所の独法化	ダイオキシン等極微量物質の正確計量 （独）産業技術総合研究所
● 2003 年（平成 15 年）	JCSS 制度　認定⇒登録	校正事業者登録制度
● 2010 年（平成 22 年）	計量法の改正（特定計量器の見直し） ユンケルス式及びボンベ型熱量計、ベックマン温度計が施行令第 2 条から削除	計量行政審議会での答申では、体温計及び血圧計が含まれていたが、据え置き
● 2013 年（平成 25 年）	計量単位令の見直し 生体内圧力（mHg、mH₂O 等）の継続使用	メートル原器が重要文化財に指定
● 2017 年（平成 29 年）	政令 ①新たな特定計量器の追加 ②特殊容器の使用可能な商品の追加	［1］施行令第 2 条に自動はかりを追加⇒ホッパースケール、充填用自動はかり、コンベヤースケール、自動捕捉式はかり ［2］第 26 条に指定検定機関の指定の区分を追加 ［3］検定証印の有効期間の設定⇒2 年（ただし、適正管理事業所で使用するものは 6 年） 酒税法で規定された酒類の定義にあわせ、発泡酒などが追加

● 2017 年（平成 29 年）	③産業技術総合研究所が行う型式承認手数料の見直し	（独）製品評価技術基盤機構（NITE）から認定を受けた試験所又は国際法定計量機関（OIML）が発行する試験成績書（全部又は一部）の受入れ
	④非自動はかりの定期検査の免除期間特例措置の廃止	検定証印等の年月が付されたものの定期検査免除期間の 3 年を廃止
● 2017（平成 29 年）	省令 ①指定検定機関の指定に器差検定を中心に行う区分を追加	［1］申請の区分及び要件 ・区分：非自動はかり、自動はかり、燃料油メーター（一部） ・要件：一般計量士 3 名以上 ［2］中立性・独立性の担保
	②自動はかりに関する所要の見直し	［1］製造・修理事業の届出区分に自動はかりの区分を追加 ［2］自動はかりを使用する適正計量管理事業所に計量管理の方法の届出
	③型式承認の試験成績書（全部又は一部）の受入れ	［1］NITE により ISO/IEC17025 による認定を受けた試験所 ［2］OIML 加盟国の型式承認機関
	④検定証印等の年号表記及び表示方法を統一	［1］和暦表記⇒西暦表記 ［2］自治体等の貼り付け印を選択が可能
	⑤指定製造事業者への ISO9000 の活用	指定における品質管理基準を ISO9000 へ整合し、認定結果の活用が可能
	⑥基準器検査の申請の際に添付できる JCSS 校正証明書の有効期間（30 日）	
● 2019（令和元年）	計量単位令で定める質量、電量、温度および物質量の計量単位の定義を改定	国際度量衡総会（平成 30 年 11 月）において、質量（キログラム）、電流（アンペア）、温度（ケルビン）、物質量（モル）の計量単位に関する定義改訂が決議。

2．メートル法の起源

　1875 年（明治 8 年）5 月 20 日、フランスのパリで結ばれたメートル条約に端を発するメートル法は現在に至るまで約 150 年間に亘り科学の領域では必要不可欠な単位系となっています。その国際機関はフランスのパリ郊外の国際度量衡局（BIPM：Bureau International des Poids et Mesures）に設置されました。日本は 1885 年（明治 18 年）メートル条約に加入しています。

　1889 年（明治 22 年）、日本は BIPM からメートル原器（22 番）とキログラム原器（6 番）を受領し、欧米の工業技術を急速に導入する上でメートル法は大変役に立ちました。一方、当時の日本で使用されていた度量衡は尺と貫でしたので、メートル原器のほかに尺貫原器も必要でした。そのため 1898 年（明治 31 年）に尺貫原器として BIPM から尺原器（1 m の 10/33）と貫原器（1 kg の 15/ 4　3.75kg）を受け取りました。これらのメートル原器と尺原器は産総研に保管され、日本の度量衡の原点として文化庁の文化遺産オンラインに登録・公開されています。

　計量行政に関する国際的な機関の設立について、1955 年（昭和 30 年）10 月 12 日、「国際法定計量機関を設立する条約」（OIML 条約）がパリで締結され、日本は 1961 年（昭和 36 年 6 月 15 日）に OIML（:International Organization of Legal Metrology）条約に加盟しました。

〈参考〉

【メートル条約　全文】

https://www.mofa.go.jp/mofaj/gaiko/treaty/pdfs/B-S38-C 1 -101.pdf

【1925 年のメートル条約改正全文】

https://www.mofa.go.jp/mofaj/gaiko/treaty/pdfs/B-S38-C 1 -125.pdf

【文化遺産オンライン】

https://bunka.nii.ac.jp/heritages/detail/200424

　BIPM 及び OIML については、産総研計量標準総合センター国際計量室により作成された次の冊子がたいへんわかりやすく参考になります。

【メートル条約に基づく組織と活動のあらまし　2020 年版】

https://unit.aist.go.jp/qualmanmet/nmijico/metric/

【国際法定計量機関（OIML）の組織と活動のあらまし　2020 年版】

https://unit.aist.go.jp/qualmanmet/nmijico/OIML/

　人類悠久の歴史から見ると、メートル法は近代化された度量衡です。地球の子午線長の北極から赤道までの長さを 1 万 km とする基準を定めるために、科学者メシェン (1744-1804) とドゥランブル (1749-1822) によって行われた「地球の子午線計測」はフランス革命による社会の混乱でメシェンが一時測量を中断し、その間に測量結果の誤りに気付いたが敵国の領地に再入国することができずに再計測を断念するなど、多くの困難な事態をくぐりぬけ、実に 7 年もの歳月を要しました。北極から赤道までの子午線の長さは、今日の人工衛星による正確な観測によると 10002.29km とわずかに 0.23 ％の誤差があり、 1 m 当たりで 0.229mm 短いまま「1 m 原器」の長さはその後も再計測されることなく、二人によって計測された「1 m」のまま、光の波長による精密な定義に変更され現在に至っています。この「1 m」の価値を世界中の国々が初めて知ったのは、1851 年ロンドンで開催された第 1 回万国博覧会でした。[1]

　フランス革命勃発時には、1790 年にタレーラン (1754-1838) によって長さの基本単位である「1 m」の原器として「周期 2 秒の振り子の長さを 1 m とする秒振り子」が革命政府に提案され、また質量の基本単位である「1 kg」の原器として「1 立方デシメートルの水の質量」が提案されました。それは「自然こそあらゆる世代を超え、すべての人に平等に与えられるものである。」というストア哲学的な思想を背景としており、万民に等しく公平に与えられることが重要視されました。

　歴史を振り返りますと、英国と米国はタレーランの提案した「秒振り子」によって「1 m」を定めるという案に賛成していました。当時英国ではすでにニュートン力学が浸透しており、「秒

※1　ケン＝オールダー著　吉田三知世訳　『万物の尺度を求めて』　　早川書房　2006 年　pp.422-423

振り子」による「1秒」で現示される「1m」の長さはフランスにおいても周知の事実であり、すでに地球の子午線の長さも比較的簡単に計算できていました。（次頁「ちょっと一息」参照）

　残念ながら、1790年3月にいったん承認されていた「秒振り子」は、翌年1791年3月革命政府によって否定され、「パリを通る子午線長の北極から赤道までの長さを1万kmとする」ことで決まる「1m」が採択されました。「秒振り子」が反対された一番の理由は、革命政府が時間の記数法を「革命暦」と言われた十進法に変えようとしていたため、長さの定義の中に「1秒」という時間が入り込むのは都合が悪かったのでした。

　「革命暦」では、1か月＝10日×3旬、休日は年末の5日間と月に3日の「第10日」だけでキリスト教の祭日はすべて廃止、一日10時間、1時間100分、1分100秒という10進法の1秒は、9割以上も短いものでした。

　1793年10月5日、「革命暦」は国民公会で可決されました。

　ところがフランス国内の農民や市民らは、「日曜日とキリスト教の祭日」には休んで遊び回り、革命暦の休日「第10日」には隠れて働きました。こうして革命暦はまったく浸透せず、ついに1806年1月1日、正式に従来のグレゴリオ暦に戻されたのでした。[2][3]

　歴史に「もし仮に」ということは無いのですが、革命政府が時間の10進法にこだわらずに「秒振り子」が「1m」の定義に採択されていたならば、イギリスと米国のメートル法導入は、もっと早くから進んでヤードポンド法はもっと早い時期に廃止され、小さなトラブル（PC自作時にねじ穴ピッチinchとmmの混在でねじ穴を壊すこと）に悩むことも無く、大きなトラブル（1999年に米国の火星探査機マーズ・クライメイト・オービターが火星に激突したのは、ヤードポンド法の単位とメートル法の単位の混在が原因であったこと）も起きなかったことでしょう。

　いずれにせよ、市井の人々の幸福につながる当初の崇高な理念「世界中どこの誰でも平等に手にすることが出来る度量衡」が決して忘れられないよう、願うばかりです。

※2　ジャクリーヌ＝ド＝ブルゴワン著　池上俊一監修　南條郁子訳　『暦の歴史』　創元社　「知の再発見」双書　96　2001年　pp.87-91、pp.129-133.

※3　ケン＝オールダー著　吉田三知世訳　『万物の尺度を求めて』　早川書房　2006年　pp.458

ちょっと一息　地球の子午線の四分の一の長さの計算

　17世紀フランスのピカールによる北極星の観測によって、地球の半径は約 6.37×10^6 m（ただし長さの単位は m ではなくトワズでした）であることがすでにわかっていました。地球を完全な球体とすると、子午線の四分の一の長さは地球の円周の長さの四分の一に等しいので、次のように計算できます。

$$地球の円周の長さ（m）　=　2 \times \pi \times (6.37 \times 10^6) \text{ m}$$
$$=　2 \times 3.14 \times 6.37 \times 10^6 \text{m}$$

よって、子午線の四分の一の長さ

$$=　2 \times 3.14 \times 6.37 ／ 4 \times 10^6 \text{m}$$
$$=　(40.0036 ／ 4) \times 10^6 \text{m}$$
$$=　10.0009 \times 10^6 \text{m}$$
$$=　10000.9 \text{km}　⇔　1万キロメートル$$

ピカール自身、使用する尺の長さの校正は「秒振り子」で行っていました。

単振り子の周期 T（秒）は、振り子の長さを L（m）、重力加速度を g（m／秒^2）とすると、

$$T　=　2 \times \pi \times \sqrt{} \ (L ／ g) \cdots①式　で表されることがすでにわかっていました。$$

　①式に L=1（m）、T=2（秒）を代入すると、次のような円周率 π と重力加速度 g の間に美しい関係式が表れてきます。

$$1\cancel{2}　=　1\cancel{2}\pi\sqrt{} \ (1 ／ g)$$

両辺二乗すると、$1　=　\pi^2 \times (1 ／ g)　∴　\underline{g　=　\pi^2}　\cdots②式$

　②式により、重力加速度 g（m／秒^2）

$$=　3.14^2$$
$$=　9.8596 \ （m／秒^2）$$

　②式は簡潔にして美しい式です。地球が公転も自転もせず、宇宙の中で地球が完全な球体で存在して静止していたとするときの重力加速度です。実際の地球は自転しながら太陽の周りを公転し、その太陽もまた銀河系星雲の中で公転し、その銀河系星雲も動いています。壮大な天体の運動が及ぼす影響により、実際の重力加速度は②の値よりも 0.05 小さくなります。

　BIPM では、1880 年に北緯 45 度の海上の重力加速度を測定し、その後 1901 年の国際度量衡総会において、標準重力加速度　g = 9.80665m／秒^2　と規定されました。

付録2　計量法を学習するうえで必要な法令用語

　計量法に限らず他の法律でも同じように、法令の中で通用する専門的な用語、いわゆる「法令用語」が数多く使われます。本付録では、"以上"、"超える"のような基準点を示すもの用語、"又は"、"若しくは"のような条文の構造を理解に必要な用語、用語の繰り返しを避ける用語の中から重要度の高い用語を紹介します。

　また、法令で使用される漢字の基準については、内閣法制局によって定められた「公用文における漢字使用等について」（平成22年11月30日）があります。法令の中で使用される漢字の種類は、常用漢字表（当用漢字表ではありません！）に基づくものです。その他、副詞や接続詞に関する決まりがあり、接続詞については、原則、ひらがなを使用します。ただし、「及び」、「並びに」、「又は」、「若しくは」の4語だけは漢字で書く決まりとなっています。

　下記に示した用語は、日常的にも使用されており特に紛らわしい用語ではありませんが正しく理解しないと思わぬミスを誘発する可能性もありますので注意が必要です。

　その他、多くの法令用語がありますが、本付録末に参考文献を示しましたので参照ください。

①　及び、並びに

　「及び」と「並びに」は、法令用語の中でも基本的な用語です。AもBもというように複数の語句を併合的に結び付ける用語です。右図に示すように「及び」は、最も小さな結び付きのレベルで1回だけ用いられ、それ以上のレベルではすべて「並びに」が用いられます。なお、②の「又は」、「若しくは」の関係と非常に似ていますが、「並びに」を用いた場合には必ず「及び」が用いられます。

A及びB並びにC

②　又は、若しくは

　「又は」、「若しくは」は、複数の語句を選択的に結びつける場合に使われ、法令用語の中では厳格に使い分けされます。右図に示すように、AかBかのように単純・並列的な接続詞の場合は「又は」を使用し、AかBのグループとCを対比するような場合には、小さい接続のほうに「若しくは」を使用し、大きい接続のほうに「又は」を使用します。

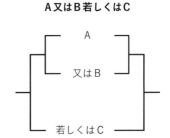

A又はB若しくはC

③　以上、超える、以下、未満、超えない、以前、以後

　これらの用語の意味の違いを無意識に使用することがありますが、法令においては、一定の数量を基準としてある値が含まれる否かによりその法的効果が異なります。

　「以」という用語には、基準となる数量、期間の起点を含みますが、「以」のつかない用語は、

それを含みません。

- ・ 以上 ：基準となる数量を含み、それよりも多い数量
- ・ 超える：基準となる数量を含まないで、それよりも多い数量
- ・ 以下 ：基準となる数量を含み、それよりも少ない数量
- ・ 未満 ：基準となる数量を含まないで、それよりも少ない数量
- ・ 超えない：基準となる数量を含み、それより少ない数量
- ・ 以前 ：基準となる時点を含み、それより前への時間的な広がり（時間的な継続）
- ・ 以後 ：基準となる時点を含み、それより後への時間的な広がり（時間的な継続）

〈事例１〉

　計量法施行令 第２条（特定計量器）第２号 ハ において、「 表す質量が 10 ミリグラム以上
の分銅 」と規定されております。この場合は、表す質量が 10 ミリグラムを含んでそれより大
きな分銅となります。

〈事例２〉

　10 月 10 日以前：10 月 10 日を含んでそれより前の時間的な広がりを意味する

　10 月 10 日以後：10 月 10 日を含んでそれより後の時間的な広がりを意味する

④　してはならない、することができない

　「してはならない」及び「することができない」は、法的にはあり得べからざる事態を避け
るための手法です。「してはならない」は、一定の行為の禁止、すなわち不作為の義務を課す
ことを表します。規定に違反した場合には、罰則の適用の対象となる場合があります。「する
ことができない」は、ある行為をする法律上の能力や権利等がないことを表し、罰則を設けら
れることは少ないです。

⑤　遅滞なく、速やかに、直ちに

　時間的即効性を表す用語です。法令上は、微妙な違いがあります。「直ちに」は、時間的即
効性が最も強く、一切の遅延を許さない場合に使用されます。「遅滞なく」は、最も弱い場合
に使用され合法的な理由があれば許容される場合に使用されます。「速やかに」は、直ちにと
遅滞なくの中間的な意味合いです。

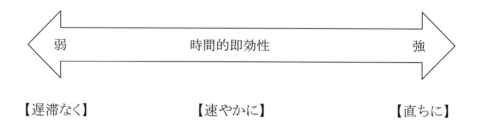

【遅滞なく】　　　　　　　　【速やかに】　　　　　　　　【直ちに】

⑥　この限りではない、妨げない

　「この限りではない」及び「妨げない」は、本文の末尾において用いられる表現です。「この限りではない」とは、ほとんどが本文の後にただし書きとして用いられます。前に置かれた規定に対してその全部又は一部の適用を特定の場合に除外することを意味します。

　「妨げない」は、一定の事項に関する他の規定や制度が引き続き適用されるかどうか疑問がある場合にその適用が排除されるものではないことを示すために用いられる表現です。

⑦　適用する、準用する

　「適用する」とは、その法令の規定をその対象としている事項に当てはめることを意味し、「準用する」とはある事柄を定める法令の規定を、それと似ている他の対象に当てはめようとすることをいいます。つまり、繰り返しを避けるために使用される用語です。

⑧　なおその効力を有する、なお従前の例による

　法令の附則で経過措置を定める場合に頻繁に用いられます。ある法令の規定が廃止又は改正された場合、それにもかかわらず特定の事柄について改廃前の規定を依然として適用する場合に用いられます。経過的な措置の必要性から旧法の規定の効力を依然として有する場合の表現です。「なおその効力を有する」は、特定の事柄について適用し、「なお従前の例による」は、下位法令を含めて包括的に踏襲しようとするものです。

⑨　当分の間

　その法令の規定が暫定的で将来において改正又は廃止されることが予想されるが、その時期が定かでないような場合に用いられます。つまり、その法令が改正又は廃止されない限り半永久的に有効（効力を有する）なものとされます。

＊参考文献
1）法令用語ハンドブック　田島信威　ぎょうせい　2004年
2）法令用語の常識　林 修三　日本評論社　1975年
3）条文の読み方　法制執務用語研究会　有斐閣　2012年
4）法令読解の基礎知識　長野秀幸　学陽書房　2008年

付録3　定期検査の方法

1．法第19条の「定期検査」は「使用中の検査」の一つです。その方法は、法第23条（定期検査の合格条件）に定められています。

　　法第23条は次の図1のとおりです。

図1

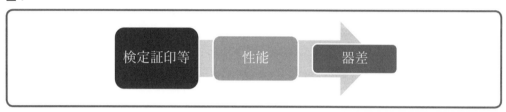

計量法第23条

　　定期検査を行った特定計量器が次の各号に適合するときは、合格とする。

　一　検定証印等が付されていること。[※1]

　二　その性能が経済産業省令で定める技術上の基準に適合すること。[※2]

　三　その器差が経済産業省令で定める使用公差を超えないこと。[※3]

2　前項第二号に適合するかどうかは、経済産業省令で定める方法により定めるものとする。[※3]

3　第一項第三号に適合するかどうかは、経済産業省令で定める方法により、第百二条第一項の基準器期検査に合格した計量器（第七十一条第三項の経済産業省令で定める特定計量器の器差については、同項の経済産業省令で定める標準物質）を用いて定めるものとする。[※3]

※1　特定計量器検定検査規則第43条（表記等）

※2　同規則第44条（性能に係る技術上の基準）

　　　同規則第211条及び第299条に引用されるJIS規格

　（1）B7611-2（2015）　附属書JB（使用中検査）

　　　　　〃　　　　　　附属書JC（実用基準分銅の管理方法）

　　　　　〃　　　　　　附属書JD（車両等の管理方法）

　（2）B7611-3（2015）　附属書JB（使用中検査）

　　　　　〃　　　　　　附属書JC（器差検定又は器差検査に使用する非自動はかり及び分銅）

　（3）B7614（2010）　　附属書JB（使用中検査）

※3　器差の計算式は、同規則第16条に定義されています。器差 E ＝計量値 I- 真実の値 L（＝基準分銅器の値）又は、器差 E（%）＝（I-Q）/Q（%）

　　　性能に関する検査の方法及び器差検査の方法並びに検査に使用する基準器等に関することの多くは、JIS規格に記載されています。

　さて、これら検則や JIS 規格に分け入り、鬱蒼とした細かい説明の羅列に惑い迷子になってしまう前に、この入門書では「使用中の検査で（使用公差）と比べて合格・不合格の判断をする器差とは何か？」ということについて説明します。

　日常感覚では、多いのはプラス、少ないのはマイナスです。一方、計量法では、多いのはマイナス、少ないのはプラスです。まるで物を減らす断捨離のスローガンのようですが、計量法での「器差」の符号は、日常感覚と反対になり、注意が必要です。

2．定期検査の具体的な方法は、機械式はかりを含むすべての非自動はかりについて、JIS 規格に基づき受検器物の（表記等）により適用すべき（使用公差）を確認したのち、性能と器差の検査を行います。

　　1）性能検査

　　　性能に関する具体的検査方法は、以下の JIS に列記されています。

　　　非自動はかりの JIS B7611-2 附属書 JB.3

　　　分銅及びおもりの JIS B7611-3 附属書 JB.3 で引用される JA.1

　　　非自動はかりの具体的な性能の検査項目は次のとおりです。

　　　分銅・おもりは表記事項を目視で確認しましょう。

　　　　性能の検査項目：①～⑤

　　　　　　JB.3.3（①繰り返し性）JB.3.4（②偏置荷重）JB.3.5（③感じ）

　　　　　JB.3.6（④正味量）＋ JB.3.7（⑤手動天びんのみ検査）

　　　　　※例外：（手動天びん、等比皿手動はかり）は、①を省略、
　　　　　　　　　（棒はかり）は①と②を省略します。

　　　　　JB.3.6（④正味量）は、精度等級1級～4級のみ検査

　　2）器差検査

　　　非自動はかりの JIS B7611-2 附属書 JB.4.2

　　　分銅及びおもりの JIS B7611-3 附属書 JB.4 及び JB.5 及び JA.2

　　　どちらも、器差検査には使用公差の1／3の基準器公差を持つ基準分銅等を用いて器差検査をします。

　　　非自動はかりの具体的な検査箇所：

　　　　（手動天びんと等比皿手動）はひょう量及びひょう量の1／4

　　　（手動天びんと等比皿手動）以外は、次のとおりです。

JB.4.2.2 試験荷重　最小測定量からひょう量までの
3か所以上

　　①最小測定量（使用範囲の下限）

　　②使用公差が変わる値又はその近く
　（目盛ざおにノッチを有する場合はその付近のノッチ）

　　③ひょう量（法定ひょう量）

　　法定ひょう量：
　　　　1t超10t未満……ひょう量の3/4（1t以上）
　　　　10t以上…………ひょう量の3/5（8t以上）
　　　懸垂式はかりの場合は、2t付近まで

＋

4．手動指示併用はかりの自動表示目盛最大値

5．目盛ざおの最大値

6．多目量はかり各部分計量範囲ごとのひょう量

3．「非自動はかり」には、精度等級が無かった旧法時代の非自動はかりをはじめ、11種類の「使用公差表」が存在しています。

4．「分銅・おもり」は、非自動はかりとともに用いられるものが定期検査の対象です。「分銅」は、はかりと別個に検査を行います。

5．「おもり」は手動はかりや棒はかりと組み合わせて器差検査を行い、当該はかりの器差が使用公差内であれば、「おもり」についても使用公差内とみなされます。（B 7611-3　JB.5）

6．定期検査に用いる基準分銅等は、（B 7611-2　附属書JB.4.1.1で引用されるJA.1.1）及び（B 7611-3　附属書JD）を参照してください。基本的には「使用公差」の1/3以内の基準器公差を有する基準分銅及び実用基準分銅（同附属書JC）を使用します。

7．複目量はかり（B 7611-2　3.3.2.7）は、外見上は一台のはかりですが、機能的には複数のはかりであるため検査はその目量を切り替えてそれぞれ行う必要があります。

＜検定証印等の形状について＞

検定証印等の形状は、次のように規定及び公示されています。

「特定計量器検定検査規則（平成5年通商産業省令第70号）第23条（検定証印）」及び「指定製造事業者の指定等に関する省令（平成5年通商産業省令第77号）第8条（基準適合証印）」並びに「指定製造事業者の指定等に関する省令第8条第3項及び同第9条の2第2項の規定に基づき国立研究開発法人産業技術総合研究所が個々に定める基準適合証印を付す方法、基準適合証印の大きさ及び基準適合証印を付す特定計量器の部分（平成30年国立研究開発法人産業技術総合研究所公告第40号）」又は「指定製造事業者の指定等に関する省令第8条第3項及び同第9条の2第2項の規定に基づき日本電気計器検定所が個々に定める基準適合証印を付す方法、基準適合証印の大きさ及び基準適合証印を付す特定計量器の部分を定めた件（平成30年日本電気計器検定所公示第29-1号）」

8．検定証印等

検定証印又は基準適合証印が無い非自動はかり（たとえば、法第53条第1項の家庭用計量器、いわゆるヘルスメーター）は、定期検査の対象ではありません。

定期検査の対象は、取引・証明に使用されている「検定証印等のある」非自動はかりです（図2）。

（計量証明事業者・適正計量管理事業所で別途検査されている非自動はかりを除きます。）

図2

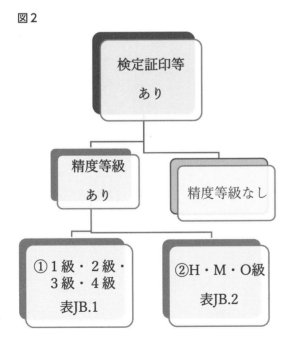

【精度等級】

非自動はかりの精度等級は新旧2種類あります。

JIS（B 7611-2　5.1.1）の精度等級は新基準（①1級・2級・3級・4級）として平成12年に登場後、平成17年以降にJIS化された最新の精度等級です。旧基準（②H・M・O級）は「精度等級」として平成5年に初めて登場しました。旧基準のO級は現在の4級とまったく同じ精度でした。

平成5年以前の技術基準は、旧法時代の昭和41年に制定されました。旧法技術基準で製造された機械式のトラックスケール等の非自動はかりには「精度等級」がありません。

非自動はかりは、この3種類の技術基準により製造されています。

【①精度等級１級～４級の使用公差】

　　表 JB.1（B7611-2：2015　附属書 JB 使用中検査　JB.2）

【②精度等級 H 級、M 級、O 級の使用公差】

　　表 JB.2（B7611-2：2015　附属書 JB 使用中検査　JB.5.2.1）

【精度等級のある非自動はかりの使用公差】

　　使用公差については JIS 規格により次のとおりです。

①**表 JB.1：（JB.2）精度等級１級から４級のはかり**

1	表 JB.1　目量（e）で表した質量（m）			
使用公差	1級	2級	3級	4級
±1e	0＜m≦5万	0＜m≦5千	0＜m≦500	0＜m≦50
±2e	5万＜m≦20万	5千＜m≦2万	500＜m≦2千	50＜m≦200
±3e	20万＜m	2万＜m≦10万	2千＜m≦1万	200＜m≦1000
繰り返し	1／4　6回	1／4　6回	1／4　3回	1／4　3回
偏　置※	1／3	⇐	⇐	⇐
感　じ※	目量の2倍で変化	⇐	⇐	⇐
正味量	任意の質量	⇐	⇐	⇐

※車両用はかりの偏置検査は 0.5 倍から 0.8 倍までの任意（JB.3.4.6）
※棒はかりの性能の検査は、「感じ」のみ。糸を一目分移動し、傾き３度以上で可

※**手動天びん及び等比皿手動**

使　用　公　差：同上

繰　り　返　し：省略

偏　　　　　置：1／4（JB.3.4.7　JE.2.4.2）

静止点の検査：（手動天びんのみ）：JE.2.5

感　　　　　じ：感量の２倍（JB.3.5.4）　合格条件（8.1.1）

　　　　　　　検査箇所：任意（ひょう量）１点

器差検査箇所：1／4、ひょう量の２か所（JB.4.2.2.d））

　　　　　　　器差検査方法（JB.4.2.5）

【精度等級のある非自動はかり】

②表JB.2：（JB.5.2.1）精度等級H級、M級及びO級のはかり

2	表JB.2　目量（e）で表した質量（m)		
使用公差	H級	M級	O級
±1e	0＜m≦2千	0＜m≦500	0＜m≦50
±2e	2千＜m≦1万	500＜m≦2000	50＜m≦200
±3e	-	2000＜m≦1万	200＜m≦1000
0.02%	1万＜m	-	-
繰り返し	1/4　3回	1/4　3回	1/4　3回
偏　置	1/4（中央との差）	1/4（セクション1/2）	1/4（セクション1/2）
感　じ	3か所　目量2倍 デジタル2.4倍	⇐	⇐
使用範囲下限	20e	20e	10e

感じ検査箇所：3か所（零点又は使用範囲下限、1/2、ひょう量付近）
※棒はかりの性能の検査は、「感じ」のみ。糸を一目分移動し、傾き3度以上で可

※手動天びん及び等比皿手動

使　用　公　差：同上

繰　り　返　し：省略

偏　　　　　置：1/4（JA.3.3.2.3.f））

静止点の検査：なし（JB.5.2.3に該当なし）

感　　　　　じ：感量の2倍（JB.3.5.4）　合格条件（8.1.1）
　　　　　　　　　検査箇所：任意（ひょう量）1点（JB.5.2.3.1）

器差検査箇所：1/4、ひょう量の2か所（JB.4.2.2.d））
　　　　　　　　　器差検査方法（JB.4.2.5)

参考「3級（M級）デジタル多目量はかり定期検査観測紙（例）」

3級（M級）精度等級　デジタル多目量はかり　定期検査　観　測　紙（例）				
検査年月日（　　　年　　月　　日）		検査者氏名（　　　　　　　　　　　　）		
検査受検者名（　　　　　　　　）		検査場所（　集合検査　・　現地　・　持込　）		
1　表記事項の確認	重力加速度の範囲（　　　　～　　　　）			備考
□　名称表記	（電気抵抗線式はかり）・（　懸垂式はかり　）			
□　検定証印等（本体）	証印無不可	□　製造番号（　　　　　　）		
□　使用場所の表記	あり（　　　）・なし	□　法定ひょう量（　　　　）		
□　精度等級	（　　　）級	2　適用使用公差		
□　最小測定量	（　　　　　）g・kg	□　表JB.1（3級）		
□　使用範囲下限（M級）		□　表JB.2（M級）		
□　ひょう量1	（　　　）g・kg	□　使用公差（20e1～500e1）	（e1）mg・g・kg	
□　目量1（e1）	（　　　）mg・g	□　使用公差（500e1～2000e1）	（e1×2）mg・g・kg	
□　ひょう量2	（　　　）g・kg	□　使用公差（2000e1～ひょう量1）	（e1×3）mg・g・kg	
□　目量2（e2）	（　　　）mg・g	□　使用公差（ひょう量1～2000e2）	（e2×2）mg・g・kg	
□　使用区域（M級）	（　　　）区	□　使用公差（2000e2～ひょう量2）	（e2×3）mg・g・kg	
□　実目量	（　　　）mg・g	□　最大（加算・減算）風袋量	（　　）mg・g・kg	
3　検査準備		□器差検査	合格・不合格	
□　1級基準分銅等（1級・H級はかり用）		□繰り返し検査	合格・不合格	
□　2級基準分銅等（2級・M級はかり用）		□偏置検査	合格・不合格	
□　3級基準分銅等（3級・4級・M級・O級はかり用）		□感じ検査	合格・不合格	
□　特級分銅：持ち出し不可　持込検査に限る		□正味量検査（HMO除く）	合格・不合格	

4	器差検査		器差E＝（I-L）＋（1/2）e－ΔL		
	検査箇所※	使用公差	検査荷重L	差（I－L）	追加荷重ΔL
1	最小測定量（使用範囲下限）	e1	20e1		
2	部分計量範囲1　500e1	e1	500e1		
3	部分計量範囲1　2000e1	e1×2	2000e1		
4	部分計量範囲1　ひょう量	e1×3	ひょう量1		
5	部分計量範囲2　2000e2	e2×2	2000e2		
6	部分計量範囲2　ひょう量	e2×3	ひょう量2		
5	部分計量範囲2　2000e2	e2×2	2000e2		
4	部分計量範囲1　ひょう量	e1×3	ひょう量1		
3	部分計量範囲1　2000e1	e1×2	2000e1		
2	部分計量範囲1　500e1	e1	500e1		
1	最小測定量（使用範囲下限）	e1	20e1		
	合否判定	JB.1（5.6.1）　　JB.1.e.3)　　JB.3.5.3.2　JB.5.2.2.2c)　JB.5.2.3.1.c) 合　格　・　不合格			
	※M級は3箇所で感じの検査を実施（目量2.4倍）、3級は任意の1箇所（目量2倍）				

5	性能：繰返し検査	3級：ＪＢ.3.3　M級：ＪＢ.5.2.2.3

1.検査荷重：ひょう量２の１／４

2.検査回数：**3回**

3.検査結果：　【　　　　】　　【　　　　】　　【　　　　】

4.各回の器差が使用公差内　かつ各回の器差の差が使用公差内であること

（ゼロ点が変動した場合は、ゼロ点を再設定すること）

合否判定	ＪＢ.1　5.6.1 合　　格　・　不合格

6	性能：偏置検査	3級：ＪＢ.3.4.3　M級：ＪＢ.5.2.2.4

1.検査荷重：【3級１／3ひょう量２】　　【M級１／４ひょう量２】

　　　　　○3級（車両用はかりはひょう量２の０．５倍から０．８倍の任意）

　　　　　○M級（セクション有はひょう量２の１／２）

2.検査箇所：**4か所**　　　　　　　　　　　左→中央→右→中央→左

　　　　　　　　　　　　　　　　　　　　車両用

3.検査結果：　【　　　　】　　【　　　　】　　【　　　　】　　【　　　　】

4.各回の器差が使用公差内　【M級は、中央との器差の差も使用公差内】

合否判定	ＪＢ.1　5.6.2 合　　格　・　不合格

7	性能：正味量の検査	精度等級3級のみ：ＪＢ.3.6

1.任意の荷重を負荷し、風袋引き作動	任意荷重【　　　　】ｇ・ｋｇ　ゼロ点表示を確認する
2.任意荷重Ｌを載せる	荷　重Ｌ【　　　　】ｇ・ｋｇ
3.表示値Ｉ	表示値Ｉ【　　　　】ｇ・ｋｇ
4.器差Ｅ（　　　　）	器差Ｅが使用公差（　　　　）内であること

合否判定	ＪＢ.1　5.5.3.3 合　　格　・　不合格

■付録4　計量法で引用される日本産業規格（JIS）一覧

　正確な計量器を供給するために特定計量器検定検査規則（以下、「検定規則」という。）においては、施行令第2条で規定する特定計量器に応じて検定・検査をするための技術基準（構造に係る技術上の基準、検定公差、検定の方法及び使用中検査の方法等）を定めています。

　これらの技術基準は、計量器に関する技術進歩や高度化、消費者ニーズ等に応じた速やかな改正及び OIML 国際勧告とわが国の技術基準の整合化を迅速に対応する観点から特定計量器の検則に日本産業規格（JIS）を引用しています。

　現計量法においては、検定規則第2章のタクシーメーターから第25章の酒精度浮ひょうに関する JIS が制定されています。

　これらの特定計量器に応じた JIS を表に示しました。なお、JIS の表紙には、規格の名称と制定（又は改正）年付きの規格番号が表記されていますが、定期的（通常、3年程度）に改正されることから本付録では「年」を省略しています。

●表　計量法で引用される日本産業規格（JIS）一覧

	特定計量器		該当する日本産業規格
	分類	機種	
1	タクシーメーター	－	JIS D 5609
2	質量計	非自動はかり	JIS B 7611-2
		分銅等	JIS B 7611-3
		自動はかり（ホッパースケール）	JIS B 7603
		自動はかり（充填用自動はかり）	JIS B 7604-1、2
		自動はかり（コンベヤスケール）	JIS B 7606-1、2
		自動はかり（自動捕捉式はかり）	JIS B 7607
3	温度計	ガラス製温度計	JIS B 7414
		ガラス製体温計	JIS T 4206
		抵抗体温計	JIS T 1140
4	皮革面積計	－	JIS B 7614
5	体積計	水道メーター・温水メーター	JIS B 8570-2
		燃料油メーター（自動車等給油メーター）	JIS B 8572-1
		燃料油メーター（小型車載燃料油メーター）	JIS B 8572-2
		燃料油メーター（微流量燃料油メーター）	JIS B 8572-3
		燃料油メーター（大型車載燃料油メーター）	JIS B 8572-4
		燃料油メーター（簡易燃料油メーター）	
		燃料油メーター（定置燃料油メーター）	
		液化石油ガスメーター	JIS B 8574

		ガスメーター	JIS B 8571
		量器用尺付タンク	JIS B 8573
6	密度浮ひょう	浮ひょう型密度計	JIS B 7525-1
		液化石油ガス用浮ひょう型密度計	JIS B 7525-2
7	アネロイド型圧力計	アネロイド型圧力計	JIS B 7505-2
		鉄道車両用圧力計	JIS E 4118
		アネロイド型血圧計（機械式)	JIS T 4203
		アネロイド型血圧計（電気式)	JIS T 1115
8	積算熱量計	－	JIS B 7550
9	最大需要電力計	－	JIS C 1283-2
10	電力量計	電力量計	JIS C 1211-2
		交流電子式電力量計（精密・普通)	JIS C 1271-2
		交流電子式電力量計（特別・超特別精密)	JIS C 1272-2
11	無効電力量計	無効電力量計	JIS C 1263-2
		交流電子式無効電力量計	JIS C 1273-2
	変成器付電気計器		JIS C 1216-2
	計器用変成器		JIS C 1736-2
12	照度計		JIS C 1609-2
13	騒音計		JIS C 1516
14	振動レベル計		JIS C 1517
15	濃度計	ジルコニア式酸素濃度計等	JIS B 7959
		ガラス電極式水素イオン濃度検出器	JIS B 7960-1
		ガラス電極式水素イオン濃度指示計	JIS B 7960-2
		酒精度浮ひょう	JIS B 7548
16	浮ひょう	－	JIS B 7525-1 ～ 3

付録5　計量士国家試験問題（過去問）にチャレンジしてみよう

　一般計量士については、共通科目の「計量関係法規」及び「計量管理概論」と専門科目の「計量に関する基礎知識」及び「計量器概論及び質量の計量」に関する試験が行われます。各科目の問題数は25問、試験時間は70分で、すべて五肢択一式です。合格率は、年度ごとに若干の変動はありますが、15%から20%です。

　ここでは、共通科目から「計量関係法規」、専門科目から「計量器概論及び質量の計量」のうち質量の計量に関する過去の試験問題から掲載しました。特に「計量関係法規」を俯瞰すると第1章 総則から第10章 罰則までの全範囲から出題されています。質量の計量では、非自動はかりに関する検定の合否又は使用中検査（定期検査）の適否の判断基準の一つである公差の適用に関する問題が定期的に出題されておりますので、しっかりと理解しておく必要があります。

　設問では、「誤っているものを一つ選べ」、「正しいものを一つ選べ」、又は「正しものがいくつあるか」等のパターンがあり、注意が必要です。また、長文の選択肢もあるので時間配分にも気を付ける必要があります。

Ⅰ　計量関係法規

・例題1　計量法第1条の目的及び同法第2条の定義等に関する次の記述の中から、誤っているものを一つ選べ。

1　計量法は、計量の基準を定め、適正な計量の実施を確保し、もって経済の発展及び文化の向上に寄与することを目的とする。
2　「取引」とは、物又は役務の給付を目的とする業務上の行為をいい、無償の場合は、含まれない。
3　車両又は船舶の運行に関して、人命又は財産に対する危険を防止するためにする計量であって政令で定めるものは、計量法の適用に関しては、証明とみなす。
4　「計量器」とは、計量をするための器具、機械又は装置をいう。
5　計量器の製造には、経済産業省令で定める改造を含むものとし、計量器の修理には、当該経済産業省令で定める改造以外の改造を含む。

［第70回　問1］

・例題2　計量法第8条に規定する非法定計量単位の使用の禁止に関する次の記述の（　ア　）及び（　イ　）に入る語句として、正しいものを一つ選べ。

第8条　第3条から第5条までに規定する計量単位（以下「法定計量単位」という。）以外の計量単位（以下「非法定計量単位」という。）は、第2条第1項第1号に掲げる物象の状態の量について、（　ア　）に用いてはならない。

2　第5条第2項の政令で定める計量単位は、同項の政令で定める（　イ　）に係る（　ア　）に用いる場合でなければ、（　ア　）に用いてはならない。

	（　ア　）	（　イ　）
1	取引又は証明	特定計量器
2	取引又は証明	特殊の計量
3	貨物の輸入のための計量	外国製造者
4	計量器の製造	届出製造事業者
5	計量器の製造	特殊の計量

［第70回　問4］

・例題3　計量法第10条第1項及び第2項に関する次の記述の（　ア　）～（　ウ　）に入る語句の組合せとして、正しいものを一つ選べ。

　　第10条　物象の状態の量について、法定計量単位により取引又は証明における計量をする者は、（　ア　）にその物象の状態の量の計量をするように努めなければならない。

　　2　都道府県知事又は政令で定める市町村若しくは特別区の長は、前項に規定する者が同項の（　イ　）していないため、適正な計量の実施の確保に著しい支障を生じていると認めるときは、その者に対し、（　ウ　）ことを勧告することができる。

	（　ア　）	（　イ　）	（　ウ　）
1	適正	規定に適合	必要な措置をとるべき
2	適正	規定を遵守	計量の方法を改善すべき
3	正確	規定を遵守	必要な措置をとるべき
4	正確	規定に適合	必要な措置をとるべき
5	正確	規定を遵守	計量の方法を改善すべき

［第66回　問5］

・例題4　特定計量器の製造、修理及び販売に関する次の記述の中から、正しいものを一つ選べ。

1　届出製造事業者は、特定計量器を製造したときは、経済産業省令で定める基準に従って、当該特定計量器の検定を行わなければならない。

2　販売（輸出のための販売を除く。）の事業の届出が必要となる特定計量器は、非自動はかり、自動はかり、分銅及びおもりである。

3　届出製造事業者は、その届出に係る事業を廃止しようとするときは、あらかじめ、その旨を経済産業大臣に届け出なければならない。

4　届出製造事業者又は届出修理事業者は、特定計量器の修理をしたときは、経済産業省令で定める基準に従って、当該特定計量器の検査を行わなければならない。

5　経済産業大臣は、政令で定める特定計量器の販売の事業を行う者（以下「販売事業者」という。）が経済産業省令で定める事項を遵守しないため、当該特定計量器に係る適正な計量の実施の確保に支障を生じていると認めるときは、当該販売事業者に対し、これを遵守すべきことを勧告することができる。

［第 69 回　問 10］

・例題 5　特定計量器の販売及び譲渡等に関する次の記述の中から、誤っているものを一つ選べ。

1　政令で定める特定計量器の販売（輸出のための販売を除く。）の事業を行おうとする者は、経済産業省令で定める事業の区分に従い、あらかじめ、氏名又は名称等を当該特定計量器の販売をしようとする営業所の所在地を管轄する都道府県知事を経由して、経済産業大臣に届け出なければならない。

2　計量法第 57 条第 1 項の政令で定める特定計量器として譲渡等が制限されている特定計量器は、ガラス製体温計、抵抗体温計及びアネロイド型血圧計の三つである。

3　都道府県知事は、政令で定める特定計量器の販売の事業を行う者（以下「販売事業者」という。）が経済産業省令で定める事項を遵守しないため、当該特定計量器に係る適正な計量の実施の確保に支障が生じていると認めるときは、当該販売事業者に対し、これを遵守すべきことを勧告することができる。

4　販売事業者は、氏名又は名称に変更があったときは、遅滞なく、その旨を都道府県知事に届け出なければならない。

5　販売（輸出のための販売を除く。）の事業の届出が必要となる特定計量器は、非自動はかり（計量法第 53 条第 1 項の政令で定める特定計量器（家庭用特定計量器）を除く。）、分銅及びおもりである。

［第 67 回　問 11］

・例題 6　定期検査及び検定に関する次の記述の中から、誤っているものを一つ選べ。

1　計量法第 19 条第 1 項（定期検査）の政令で定める特定計量器の一つとして、自動はかり、がある。

2　特定計量器について計量法第 16 条第 1 項第 2 号イの検定を受けようとする者は、政令で定める区分に従い、経済産業大臣、都道府県知事、日本電気計器検定所又は指定検定機関に申請書を提出しなければならない。

3　検定を行った特定計量器の合格条件の一つとして、その構造（性能及び材料の性質を含む。）が経済産業省令で定める技術上の基準に適合すること、がある。

4　検定に合格しなかった特定計量器に検定証印又は基準適合証印（以下「検定証印等」という。）が付されているときは、その検定証印等を除去する。

5　ガラス製体温計、抵抗体温計及びアネロイド型血圧計の製造、修理又は輸入の事業を行う者は、検定証印等が付されているものでなければ、当該特定計量器を譲渡し、貸し渡し、又は修理を委託した者に引き渡してはならない。ただし、輸出のため当該特定計量器を譲渡し、貸し渡し、又は引き渡す場合において、あらかじめ、都道府県知事に届け出たときは、この限りでない。

[第 69 回　問 12]

・例題 7　基準器検査に関する次の記述の中から、誤っているものを一つ選べ。

1　アネロイド型血圧計の検定において、その器差が経済産業省令で定める検定公差を超えないかどうかは、基準器検査に合格した計量器を用いて定めなければならない。

2　基準器検査を受ける計量器の器差が経済産業省令で定める基準に適合するかどうかは、その計量器に計量法第 144 条第 1 項の登録事業者が交付した計量器の校正に係る同項の証明書が添付されているものは、当該証明書により定めることができる。

3　基準器検査は、政令で定める区分に従い、経済産業大臣、都道府県知事又は指定検定機関が行う。

4　基準器検査に合格した計量器には、経済産業省令で定めるところにより、基準器検査証印を付する。

5　基準器検査を申請した者が基準器検査に合格しなかった計量器に係る基準器検査成績書の交付を受けているときは、その記載に消印を付する。

[第 70 回　問 15]

・例題 8　計量法第 122 条第 2 項第 1 号の規定により、計量士国家試験に合格し、かつ、計量士の区分に応じて経済産業省令で定める実務の経験その他の条件に適合する者として、誤っているものを次の中から一つ選べ。

1　環境計量士（濃度関係）にあっては、経済産業省令で定める環境計量講習（濃度関係）を修了している者

2　環境計量士（濃度関係）にあっては、薬剤師の免許を受けている者

3　環境計量士（騒音・振動関係）にあっては、免許職種が公害検査科である職業訓練指導員免許を受けている者

4　一般計量士にあっては、経済産業省令で定める一般計量講習を修了している者

5　一般計量士にあっては、計量に関する実務（経済産業大臣が定める基準に適合している

もの。）に１年以上従事している者

［第 68 回　問 21］

・例題９　適正計量管理事業所に関する次の記述の中から、誤っているものを一つ選べ。

1　適正計量管理事業所の指定を受けるための申請書に記載することが必要な事項の一つとして、使用する特定計量器の検査を行う計量士の氏名、住所及び区分、がある。

2　適正計量管理事業所の指定の基準の一つとして、特定計量器の種類に応じて経済産業省令で定める計量士が、当該事業所で使用する特定計量器について、経済産業省令で定めるところにより、検査を定期的に行うものであること、がある。

3　適正計量管理事業所の指定を受けた者は、経済産業省令で定めるところにより、帳簿を備え、当該適正計量管理事業所において使用する特定計量器について計量士が行った検査の結果を記載し、これを保存しなければならない。

4　適正計量管理事業所の指定の申請をした者は、遅滞なく、当該事業所における計量管理の方法について、当該事業所の所在地を管轄する都道府県知事又は特定市町村の長が行う検査を受けなければならない。

5　適正計量管理事業所とは、特定計量器を使用する事業所であって、適正な計量管理を行うものとして指定された事業所のことである。

［第 67 回　問 22］

・例題 10　計量法の雑則及び罰則に関する次の記述の中から、正しいものを一つ選べ。

1　経済産業大臣又は都道府県知事は、この法律の施行に必要な限度において、その職員に、計量士の事務所に立ち入り、検査させることができるが、特定市町村の長は、その職員に、計量士の事務所に立ち入り、検査させることはできない。

2　立入検査をする職員は、その身分を示す証明書を携帯する必要はあるが、関係者に提示する必要はない。

3　経済産業大臣又は都道府県知事若しくは特定市町村の長は、この法律の施行に必要な限度において、政令で定めるところにより、計量士に対し、その業務に関し報告させることができる。

4　計量法第 123 条に基づき、１年以内の期間で計量士の名称の使用の停止を命ぜられた計量士が、その期間中に、当該計量士が所属する法人の業務に関し、この命令に違反して計量士の名称を使用した場合、その法人は罰せられない。

5　非法定計量単位を取引又は証明で使用することは、貨物の輸出入取引を含め例外なく禁止されており、違反すると、懲役又は罰金に処せられる。

［第 67 回　問 25］

Ⅱ　計量器概論及び質量の計量

・例題1　電子式はかりを用い、ある試料の質量を空気中で分銅との比較によって測定した。この時の試料の真の質量はいくらか。次の中から正しいものを一つ選べ。

　　ここで、分銅の真の質量は 500.000 g、分銅の体積は 62.5 cm³、分銅を電子式はかりに載せたときの表示は 500.001 g とする。そして、試料の体積は 57.5 cm³、試料を電子式ばかりに載せたときの表示は 500.001 g、空気の密度は 0.0012 g/cm³ とする。

1　500.060 g
2　500.006 g
3　500.000 g
4　499.994 g
5　499.940 g

［第 67 回　問 18］

・例題2　次の質量計のうち、計量法に規定する特定計量器でないものはどれか、次の中から一つ選べ。

1　定量増おもり
2　ひょう量が 3 kg、目量が 1 g の非自動はかり
3　自動はかり
4　定量おもり
5　表す質量が 1 mg の分銅

［第 69 回　問 19］

・例題3　「JIS B 7611-3：2015 非自動はかり―性能要件及び試験方法―第 3 部：分銅及びおもり―取引又は証明用」の使用中検査に関する次の記述の中から、誤っているものを一つ選べ。

1　分銅の器差検査において、基準分銅と検査分銅の材料のいずれか一方がアルミニウム合金である場合、浮力の補正を省略する。
2　定量増おもりを取り付けた非自動はかりの器差が、ばかりの使用公差を超えないとき、定量増おもりは使用公差に適合しているとみなす。
3　分銅の使用公差は、検定公差の 1.5 倍とする。
4　定量増おもりの使用公差は、検定公差の 1.5 倍とする。
5　定量おもりの使用公差は、その質量の ± 15/10000 とする。

［第 66 回　問 18］

・例題4　計量法上の非自動ばかりの「都道府県知事又は指定検定機関が行う検定」において、基準分銅に代えて実用基準分銅を使用することができる。この場合、検査の実施に係る具体的細目を通知し、その内容について承認を受けなければならない。その通知先として正しいものはどれか。次の中から一つ選べ。

1　特定市町村の長
2　経済産業大臣
3　指定検定機関
4　都道府県知事
5　独立行政法人産業技術総合研究所

［第65回　問16］

・例題5　計量法上の特定計量器であって、精度等級が3級、ひょう量が3kg、目量が1gの非自動はかりの使用公差を表す図はどれか。次の中から、正しいものを一つ選べ。

［第64回　問23］

1
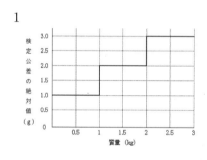

4
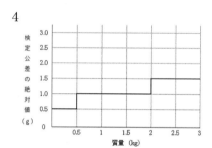

2
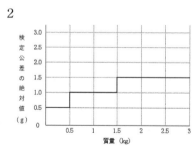

5
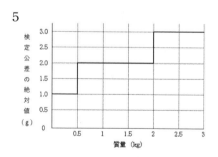

3
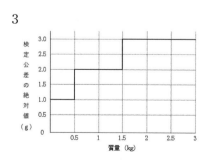

●正答番号

Ⅰ　計量関係法規				
例題1	例題2	例題3	例題4	例題5
2	2	3	4	1
例題6	例題7	例題8	例題9	例題10
1	3	4	1	3

Ⅱ　計量器概論及び質量の計量				
例題1	例題2	例題3	例題4	例題5
4	5	1	5	5

■ 索　引

た

な

は

ま

や

ら

著者紹介

根田 和朗（ねだ　かずお）

　1976年（昭和51年）、明星大学理工学部物理学科卒業。通商産業省（現 経済産業省）工業技術院計量研究所（現 国立研究開発法人産業技術総合研究所）に入所後、主として、計量法の規制対象となっている特定計量器の型式承認試験、基準器検査及びこれらの特定計量器の性能（構造を含む）を評価するための技術基準作成または計量法改正等の法定計量業務に従事してきた。一般計量士。

岩崎 博（いわさき　ひろし）

　1980年（昭和55年）福岡大学理学部応用物理学科卒業、1984年（昭和59年）福岡県入庁後、主に県計量検定所にて計量法に係る特定計量器及び特定商品等の検定・検査並びに立入検査全般に従事。一般計量士。1993年（平成5年度）東京都東村山市の通商産業省計量教習所第一期環境計量特別教習終了後、環境計量士（濃度、騒音及び振動）資格取得。

サービス・インフォメーション

━━━ 通話無料 ━━━

① 商品に関するご照会・お申込みのご依頼
　　　　　　TEL 0120（203）694／FAX 0120（302）640
② ご住所・ご名義等各種変更のご連絡
　　　　　　TEL 0120（203）696／FAX 0120（202）974
③ 請求・お支払いに関するご照会・ご要望
　　　　　　TEL 0120（203）695／FAX 0120（202）973

● フリーダイヤル（TEL）の受付時間は、土・日・祝日を除く
　9:00～17:30です。
● FAXは24時間受け付けておりますので、あわせてご利用ください。

書き込み式　計量法My Book
－はじめてでもよく分かる計量の実務－

2021年 2 月20日　初版発行

著　者　根 田 和 朗・岩 崎　　博
発行者　田 中 英 弥
発行所　第一法規株式会社
　　　　〒107-8560　東京都港区南青山2-11-17
　　　　ホームページ　https://www.daiichihoki.co.jp/
装　丁　タクトシステム株式会社

計量実務　ISBN 978-4-474-07259-6　C2036　（5）